Frauke Meyer-Gosau

Einmal muss das Fest ja kommen

Frauke Meyer-Gosau

Einmal muss das Fest ja kommen

Eine Reise zu Ingeborg Bachmann

C. H. Beck

Gesetzt aus der Noravese bei Fotosatz Amann, Aichstetten
Druck und Bindung: Pustet, Regensburg
Gedruckt auf säurefreiem, alterungsbeständigem Papier
(hergestellt aus chlorfrei gebleichtem Zellstoff)
Printed in Germany
ISBN 978 3 406 57686 7

www.beck.de

Inhalt

Anreise

Dieses ist ein Reisebuch, und die Reise, die darin stattfindet, führt durch europäische Haupt- und Großstädte, zweimal aber auch in die Provinz: Rom, Paris, Zürich, Berlin, Wien, Klagenfurt und Ischia heißen die Stationen.

Es sind die Lebensorte der Schriftstellerin Ingeborg Bachmann – Orte, an denen die Autorin sich lange aufhielt, aber auch solche, an denen ihre Biografie eine entscheidende Wendung nahm. Allein, wer die Lebensstrecke auf der Landkarte verfolgt, erkennt, dass in dieser Geschichte zum Air der großen Welt immer auch die abgelegeneren, die beengteren Räume gehörten.

Wer dagegen den anderen Weg einschlägt und sich zunächst in Ingeborg Bachmanns Werke vertieft – Gedichte, Hörspiele, Opernlibretti, Erzählungen und Romane –, wird sich ebenfalls bald an denselben Schauplätzen wiederfinden: im *Centro storico* der Stadt Rom, im III. Wiener Bezirk und im Quartier Latin in Paris, im Berlin der Jahre nach dem Mauerbau, an den Küsten des Mittelmeers oder zwischen den Flüssen, Bergen und Seen Kärntens (New York, Prag, Ägypten und der Sudan kommen noch hinzu, dorthin führten einige der literarisch wichtigsten Reisen).

So ist beides in dieser Lebensgeschichte immer aufs

Engste miteinander verwoben: ein oft wie getriebenes Hin und Her der Autorin auf dem europäischen Kontinent und ihre Zurückgezogenheit auf die Arbeit, das alltägliche, physische Dasein und die Literatur. Wer Ingeborg Bachmanns Gedichte und Prosa liest, wird unweigerlich mit ihren Lebensstationen Bekanntschaft machen. Und wer ihrer äußeren Lebensbewegung folgt, stößt dabei immer auch auf ihr Werk.

Beides aber scheint mittlerweile fest eingesponnen in ein Netz aus Mythen. Die Dichterin, geboren 1926 in Klagenfurt, hatte sich der Öffentlichkeit als eine Priesterin der Dichtkunst präsentiert, balancierend zwischen irdischer Verwirrtheit und höherem Wahn; das Publikum wie die Medien ihrer Zeit hatten diese Vorstellung freudig angenommen. Daneben aber kursierten andere Bilder, die *La Bachmann* als erlesen gekleidete Gesellschaftsdame zeigten, als politisch engagierte Intellektuelle oder auch als eine Frau, deren unselige Liebesaffären legendär waren, die ihre Zuflucht zu Alkohol und Tabletten nahm. Aus diesen bunten Scherben setzte sich zu ihren Lebzeiten das Bachmann-Kaleidoskop zusammen, und je nach Drehung war darin mal diese, mal jene Person zu erkennen. Erst als sie im Jahr 1973 in Rom, 47 Jahre alt, an den Folgen eines mysteriösen Brandunfalls starb, schienen die verschiedenartigen Bilder endgültig in eins zu fallen: Nur die Tragödin überdauerte.

Das Tragische und Verdunkelte war andererseits ohnehin die Seite, von der her das Werk überwiegend gelesen worden war: Auf die gefeierte Lyrik, die das Bedrohliche wie das Bedrohte der menschlichen Existenz ins Licht gestellt hatte, folgte die Prosa über verzweifelt Suchende, über verzweifelt scheiternde Lebens- und Liebesgeschichten. Und als lange nach Ingeborg Bachmanns Tod schließlich auch ihre unvollendete Trilogie der «Todesarten»-Romane zu lesen war, standen die weiblichen Heldinnen plötzlich ebenso wie ihre Autorin als Opfer der patriarchalen Ordnung da.

Diese einander potenzierenden Bilder lasten auf der Wahrnehmung von Autorin und Werk wie eine Grabplatte. Doch gerade weil alles hier so fugendicht zusammenzupassen scheint, stimmt es zugleich skeptisch: War denn da gar nichts Lebendiges hinter all dem Leiden? Sollen wir uns Ingeborg Bachmann als einen unablässig zu Tode betrübten Menschen vorstellen? Gab es keine handelnde, aktive, fordernde, womöglich auch heitere Person? Und erzählen ihre Gedichte wie die Prosa nicht oft zugleich noch eine andere Geschichte als die vom unabwendbaren Unheil?

Mit solchen Fragen beginnt unsere Reise. Im Jahr 2006, als die Schriftstellerin 80 Jahre alt geworden wäre, brachen wir auf, um endlich einen Blick hinter die Legenden zu tun. Dieser sollte zuallererst die Orte erfassen, an denen die Lebensgeschichte stattgefunden hatte – dort waren Menschen, die Ingeborg Bachmann nahe gekannt hatten: Freunde, Verwandte, aber auch solche, die mit ihrem Werk besonders vertraut sind, nach ihrem heutigen Bild von der Ausnahme-Autorin zu befragen. Nicht zuletzt aber ging es darum, die Anblicke von Städten und Landschaften, wie sie heutigen Reisenden begegnen, in denjenigen zu spiegeln, die uns aus Ingeborg Bachmanns Gedichten, Erzählungen und Romanen entgegenkommen – das Reise-Ziel war ein Bild aus Vergangenheit und Gegenwart, aus literarischen Texten, Menschen- und Städtebildern.

Unser Zickzackkurs durch Europa setzt dort ein, wo Ingeborg Bachmanns Lebensgeschichte endete: in Rom, das zugleich der Ausgangspunkt ihrer internationalen Dichterinnen-Karriere gewesen war. Von hier aus führt der Weg von Ort zu Ort immer weiter in Leben und Werk zurück. Weshalb er dennoch nicht in der Geburtsstadt zu seinem Ende kommt (wo Ingeborg Bachmann auch begraben liegt), soll der Reiseverlauf selbst begründen – was als eine Suche nach Schauplätzen und Personen begann, entpuppte sich mit der Zeit als eine biografische Abenteuerreise in die Literatur; sie soll darum auch hier das letzte Wort haben.

Für hartgesottene Bachmann-Spezialisten ist so etwas natürlich nichts: Sie wissen alles schon (oder sollten es doch). Geschrieben ist dies Buch vielmehr für all diejenigen, die – wie die Reisende selbst – Lust haben, sich in anderen Städten umzuschauen und dabei auf Menschen zu treffen, die eine Geschichte zu erzählen haben, Geschichten von der alltäglichen Ingeborg Bachmann in diesem Fall. Vor allem jedoch meint es die Leser, die eine Dichterin und ihr Werk an deren einstigen Orten für sich (wieder) entdecken wollen: ein Buch für all jene, die gern unterwegs sind – an Orten, in Lebensgeschichten und in der Literatur, die zu beiden gehört.

I Rom

1

Das Flugzeug landet verspätet in Ciampino. Es ist acht Uhr am Abend, ein Abend Ende Oktober, und stockfinstere Nacht scheint schon jetzt über die römische Campagna hereingebrochen zu sein – dazu regnet es, regnet, regnet und regnet in Strömen. In der fensterlosen Ankunftshalle, einem wie provisorisch aufs Gelände dieses ehemaligen Militärflughafens gesetzten Metallschuppen mit Wellblechdach und rohem Betonboden, herrschen Gewusel, Geschubse, Gerenne, Geschrei. Abgerissen und müde wirkende ältere Männer halten Papptafeln mit Namen hoch – von Personen, vielleicht auch von Pensionen oder kleinen Hotels –, draußen wird hörbar um Taxis gefeilscht. Mehrere Maschinen sind offenbar in kurzem Abstand voneinander angekommen, die Gepäckfließbänder rotieren noch leer, es wird schwer zu erkennen sein, welche Koffer zu welcher Maschine gehören. Und trotz des Lärms hört man den Regen aufs Blechdach schlagen. Jeder möchte so schnell wie möglich fort von hier, aber wie?

Eine Szene, die zur Regenzeit auf einem Wüstenflughafen spielen könnte oder auch in einem Hafenschuppen für gerade gelandete Migranten, die keiner haben will. Dass dies hier ein Tor zur Ewigen Stadt Rom sein könnte, darauf käme man wohl zuletzt. Nähme man freilich, im Versuch, Ciampino zu entkommen, nicht den Weg über die im hellen Licht der Bogenlampen verlassen daliegende Autobahn – die Gewissheit, auf sehr altem Boden zu gehen, stellte sich schneller ein. Denn gar nicht so weit vom Landeplatz, wo jetzt ein Sturm in die Palmen fährt und die Menschen zu Autos und Bussen hasten, beginnt die *Via Appia Antica*. Wer diesen Weg benutzt, rumpelt über Kopfsteinpflaster, von dem man glauben möchte, schon römische Eselskarren seien darauf ins Schlingern geraten, müde Legionärsfüße hätten sich darüber hinweggeschleppt. Links und rechts der schmalen Straße zeichnen sich in der Nachtschwärze die Umrisse alter Zypressen ab, dann und wann taucht eine von Glühbirnen-Girlanden gerahmte Trattoria am Wegrand auf und verschwindet wieder, Hinweisschilder deuten auf die Einstiege zu Katakomben, in denen zweitausend Jahre zuvor die Christen ihre Treffpunkte hatten; man denkt an die Reihen von Totenschädeln, die dort unten in Wandnischen im Schein von Fackeln ruhen und die Touristen schaudern machen. Aber irgendwann gelangen wir über die düstere Anfahrt wieder ins Hellere, die ersten, von Scheinwerfern angestrahlten antiken Gebäude zeichnen sich am Horizont ab, der Verkehr nimmt zu und mit ihm Licht und Lärm – da ist es also wirklich: Rom!

2

Die erste Annäherung Ingeborg Bachmanns an die Stadt ihrer Wahl, dieses in immer neuen Anläufen im Laufe zweier Jahrzehnte wieder und wieder angesteuerte Zentrum ihrer Versuche, einen Ort zum Leben und Bleiben für sich zu bestimmen, diese erste Annäherung liegt ziemlich auf den Tag genau 55 Jahre zurück. Wir stellen uns eine 27-Jährige vor, nicht besonders groß, nicht besonders klein, dunkelblond, kurze Haare, alltägliche, also eher einfache Kleidung und ausgerüstet mit einem Koffer oder zweien, so langt sie an der *Stazione Termini*, dem Hauptbahnhof Roms an. Es ist ein Oktobertag im Jahr 1953. Die junge Frau stammt aus Klagenfurt, der kleinen österreichischen Stadt am Fuße der Karawanken, nicht weit vom Wörthersee gelegen, die Grenze zum sozialistischen Jugoslawien verläuft deutlich näher an der Stadt als diejenige nach Italien, ein Grenzposten ist dies also, und noch 15 Jahre zuvor hat sich hier der deutsche «Führer» Adolf Hitler auf dem Balkon des Hotels «Sandwirt» von den 1938 ans Deutsche Reich angeschlossenen Kärntnern zujubeln lassen, ein idyllisches Städtchen, in dem Fremde, wenn sie fremd aussahen, in den Jahren vor und nach dem Krieg nicht gern gesehen waren, fremde Sprachen nicht gern gehört wurden.

Diese Stadt hat die junge Frau verlassen, so schnell, wie es eben möglich war: Der Krieg war vorüber, und über Graz und Innsbruck war sie schließlich 1946 als Studentin nach Wien gekommen, in die zerbombte, vom Schwarzmarkt beherrschte Hauptstadt, in der man beschäftigt war, unter alliierter Aufsicht die internen Angelegenheiten dergestalt neu zu ordnen, dass die eigene, noch frische Verquickung mit dem NS-Regime nicht unmittelbar ins Auge fiel, die alten Machtzentren jedoch möglichst unangetastet blieben. Die junge Frau, die sich dort im Gewirr des Beziehungssystems zu orientieren versuchte – von den

Wienern wegen ihres unüberhörbaren Kärntner Akzents als «Trampel» vom Land verachtet –, hatte Prosa geschrieben und Gedichte, auch Dramen, als Schülerin schon, und war noch während ihres Studiums in die kleinen, von Emigranten bestimmten literarischen Zirkel Wiens aufgenommen worden. Und als sie dann das Frl. Dr. Bachmann war, mit 24 Jahren «summa cum laude» promoviert mit einer Arbeit in Philosophie, hatte sie alsbald begonnen, den nächsten Schritt vorzubereiten: ihren Abgang aus dem Spinnennetz der Kapitale in die weitere Welt, nicht als eine irgendwo bedienstete Person, sondern als Dichterin. Zielstrebig, beharrlich und mit Raffinesse hatte sie dafür das ihr Mögliche unternommen, wie alles, was sie in den kommenden Jahren für ihr dichterisches Fortkommen noch ins Auge fassen sollte; von außen wurde diese spezifisch Bachmann'sche Verbindung von intensiver literarischer Arbeit mit der für eine internationale Dichterinnenkarriere unabdingbaren Beziehungsarbeit zumeist gar nicht bemerkt. Und ebenfalls früh schon hatte sich noch ein drittes Element gezeigt, das Ingeborg Bachmanns Daseinsweise als Poetin von Weltruf kennzeichnen sollte: eine bestechende Furchtlosigkeit, vielleicht auch Bedenkenlosigkeit, wenn es um die materielle Absicherung ihrer Existenz ging. Fest steht: Hätte sie über diese Eigenschaft, materielle Fragen großzügig beiseitezulassen, nicht verfügt – sie hätte schon den ersten Schritt fort von Wien niemals getan. Und wäre also niemals mit dem festen Vorsatz, künftig als freie Dichterin hier zu leben, in diese Stadt gelangt: nach Rom.

3

Die ehemalige Hauptstadt des Römischen Weltreichs ist ein Ort der historischen Schichtungen, der Ballung von Geschichte in Kulturdenkmälern unterschiedlichster Epochen, deren Vorgänger längst abgesunken sind in tiefere, nicht mehr sichtbare Bezirke. Wer sich als Spaziergänger durch die Altstadt bewegt, stößt immer wieder auf Zeugnisse von Grabungen, die sich plötzlich an einem Platz, an einer Ecke, neben einer Straße auftun; auf mehr oder minder intakt gehaltene Zeugnisse historischer Baukunst trifft er ohnehin auf Schritt und Tritt, er muss dazu noch nicht mal das *Forum Romanum* aufsuchen – ein besseres Gefilde für jemanden, der entschlossen war, Vergangenes nicht untergehen zu lassen, es vielmehr in seine literarische Bewusstseinsarbeit zu heben und die Spuren zeitlich zurückliegender Verbrechen in ihrer Wirkung bis in die Gegenwart zu verfolgen, ließe sich schwer denken. So unmittelbar bestimmt das Alte in Rom das Dasein, ist derart gegenwärtiger Teil der Alltagsexistenz, dass die Stadt, wie Sigmund Freud dies tat, in ihren bauhistorischen Ablagerungen auch als ein Sinnbild seelischer Prozesse, ein Symbol für die Sedimentierung individueller Vergangenheiten gelesen werden kann[1] – auch diese Verbindungen zwischen gesellschaftlicher und persönlicher Geschichte bildeten, wie sich in ihren späteren Lebensjahren zeigen sollte, einen gefährlich glühenden Kern der literarischen Arbeit Ingeborg Bachmanns. Rom in diesem Sinne war also nicht nur ein auratisches Zentrum der Alten Welt, nicht nur eine Stadt, in der es sich, unter einem helleren Himmel, mit größerer äußerer Leichtigkeit zu Anfang der fünfziger Jahre sollte leben lassen als im provinziellen Österreich oder in den zerbombten Städten des geteilten Deutschland; es stellte zugleich eine vergegenständlichte Erinnerung an teils längst verschüttete Zeiten dar, steinerne Aufforderung jeden Tag, es mit Geschichte, in welcher Formierung auch immer, aufzunehmen.

Die römische Existenz Ingeborg Bachmanns in den fünfziger Jahren, dann in den frühen und späten Sechzigern wie in den frühen Siebzigern ist mittlerweile selbst Geschichte. Was genau ihr ursprünglicher Beweggrund gewesen sein mag, von Wien aus (nachdem ein Versuch, in Paris mit Paul Celan zu leben, gescheitert war) gerade Rom als ihren Lebensmittelpunkt zu bestimmen – wir wissen es nicht. Als sicher kann allerdings gelten, dass es hier allemal darum ging, das eben noch faschistisch gewesene Vaterland, den unmittelbaren Herrschaftsbereich des nationalsozialistischen Deutschland hinter sich zu lassen und die eigene künstlerische Existenz außerhalb dessen zu begründen. Wobei das Italienische für Ingeborg Bachmann Vatersprache war, die Fremdsprache, die der Kärtner Volksschullehrer Matthias Bachmann seiner heranwachsenden Tochter beibrachte. Italien stellte damit also nicht nur das für eine Klagenfurterin angrenzende, ein buchstäblich nahe liegendes Land dar. Auch dessen Sprache und Kultur waren innerhalb des familiären Zusammenhangs gegenwärtig.

Aber Glanz sollte ja auch sein, jene Strahlung, von der immer wieder die Rede ist, wenn Menschen, die Ingeborg Bachmann kannten oder auch nur aus einiger Ferne beobachtet hatten, ihre Erinnerungen an die Dichterin fixierten: die großen Auftritte, das Besondere, dem Alltäglichen Enthobene, etwas Verwirrendes, Betörendes dabei, auch etwas Rätselhaftes und in jedem Fall, scheinbar wie von selbst sich herstellend, Distanz Gebietendes. Darum also eine Weltstadt als Lebenszentrum, darum nicht Verona, Mailand oder Pisa, und Venedig auch nicht, da zu klein und ohne faszinierende lebendige Gegenwart. Rom erschien auch aus diesem Blickwinkel als die ideale Wahl: quasi Welt – mit großem Ruhm behaftet, selbst aber, was die führenden gesellschaftlichen und künstlerischen Kreise anlangt, die das Ziel der ehrgeizigen jungen Frau sind, durchaus überschaubar, mit einem Hauch des Mondänen dazu aus den Bezirken von Film und Mode, deren Repräsentanten sie in den Cafés und Restaurants auf der Via Veneto antreffen konnte. Wir sehen Federico Fellinis Zeitbild «La dolce vita» aus dem Jahr 1960 vor uns, erinnern uns an die Brüchigkeit und Morbidität dieser Künstlerszene, und doch: Rom ist zweifellos große Welt mit großer Geschichte und dabei zugleich für Ingeborg Bachmann familiär eingehegt, eng verbunden jedenfalls mit der eigenen Herkunft: dem Vater.

Hier also entsteht der 1955 zuerst veröffentlichte, klingende, singende, von der Stadt ergriffene, sie aus verschiedenen Blickrichtungen, zu unterschiedlichen Tageszeiten ins Auge fassende Text «Was ich in Rom sah und hörte».[2] Hier wird auf einem Entwurfsblatt Mitte der fünfziger Jahre an Beweggründen, in dieser Stadt zu leben, unter dem Stichwort «Faszination» notiert: «Rom als offene Stadt, keine ihrer Schichten kann als abgeschlossen betrachtet werden, sie spielt alle Zeiten aus, gegeneinander, miteinander, das Alte kann morgen neu sein und das Neueste morgen schon alt.» Und dann fädelt sich eine ganze Kette von Gründen auf fürs Hiersein und -bleiben, die vom Äußeren bis ins Persönlichste reichen und von dort doch gleich auch wieder ins Allgemeine gehoben werden, ein typischer Bachmann-Dreischritt. «Diese Stadt», schreibt die Autorin, die alle zu dieser Zeit für eine reine Poetin halten, ein Wesen aus einer anderen Welt, dem kaum einer zutrauen würde, dass sie sich ihr Brot ziemlich mühselig mit unter Pseudonym verfassten Berichten für deutsche Radiosender und die «Westdeutsche Allgemeine Zeitung» verdient – «diese Stadt», schreibt sie, «kommt so gut ohne irgendjemand Bestimmten aus und gibt gerade darum, weil sie die eigene Unwichtigkeit dauernd beweist, weil sie immer mit Maßstäben zur Hand ist, vielleicht noch eine Arbeit auf, macht eine Lehre möglich, wie man sie nirgends sonst bekommen kann. Sie ist historisch nicht abgeschlossen, sie hat sich nicht in diesem oder jenem Jahrhundert ausschließlich manifestiert. Das Kommen und Gehen und Wiederkommen – die Utopie in Permanenz, das geistige Heimatgefühl, das man hier empfindet, tritt an die Stelle des Gefühls von physischer Heimatlosigkeit, das in der Welt zunimmt.»[3]

Also ist es nicht ihr Problem allein, das die junge Autorin Bachmann im Oktober 1953 hierher geführt hat und sie immer wieder, für wie lange und aus welchen Gründen auch immer sie die Stadt in den kommenden Jahrzehnten wird verlassen müssen, hierher zurückbringen wird – «physische Heimatlosigkeit», an deren Stelle in Rom für sie ein «geistiges Heimatgefühl» tritt. Das allerdings nicht unbegrenzt anhält, sondern immer wieder durch andere, teils befremdete, mitunter auch feindselige Wahrnehmungen und Empfindungen durchkreuzt wird, bis sich am Ende der Wunsch herauskristallisiert, in die physische Heimat zurückzukehren: sich in Wien eine Wohnung zu suchen, heißt das. In ihrer Vorstellung hält Ingeborg Bachmann sich, während sie an ihrem großen Romanprojekt «Todesarten» arbeitet, dort ohnedies schon seit ihrer letzten Rückkehr nach Rom in den späten sechziger Jahren auf. Längst ist ihre Beheimatung in Rom überwiegend physischer: alltäglicher und gewohnheitsmäßiger Natur. Doch zu einer Verbindung von physischer und geistiger Heimat kommt es nicht mehr: Am 17. Oktober 1973 stirbt Ingeborg Bachmann in Rom.

4

Heute finden wir uns in einer Stadt wieder, auf die unverändert zuzutreffen scheint, was schon eine kurze Bachmann-Notiz aus der Mitte der fünfziger Jahre besagte. «Es sind ja die in der Überzahl», hieß es dort, «die zudringlich, den Fotoapparat umgehängt, (sich) an alles und jedes heranmachen, diese Andenkenkäufer, diese Museen- und Kirchenbezwinger in Rekordzeiten, die Chiantihelden»[4] – nur dass sie sich inzwischen noch vermehrt haben. Kaum ein Tischchen an der Piazza Navona, an dem Italienisch gesprochen würde, und dass die Kellner den Gast nicht gleich auf Russisch oder Englisch anreden, könnte als ein letzter Rest von Takt gedeutet werden, wenn es nicht mittlerweile schon die Fremdenverkehrsfolklore selbst gebietet, wenigstens beim Hinzählen des Wechselgelds beim Italienischen zu bleiben und so einen Eindruck von Ausland und Fremde herzustellen, der zum touristischen Sinnstiftungsangebot gehört.

Was ist geblieben vom Bachmann'schen Rom? Nichts und alles, so will es scheinen. Immer noch fließt der Tiber träge, liegen seine Ufer verwahrlost da, die wenigen daran vertäuten Schiffe – Lastkähne, kleine Fahrgastdampfer oder Wohnboote – wirken unbenutzt, wie aufgegeben und vergessen, und wer an diesem umdüsterten Tag unter den gewaltigen Regengüssen nicht mit ganz und gar verliebten Augen auf das Flusswasser blickt, wird es allemal «schlammgrün», keineswegs aber «blond» oder gar «schön» finden, wie es im Rom-Essay von 1955 hieß. «Sträucher und hohes Gras» jedoch sind nach wie vor «mit Schmutz beworfen»[5], und all dies zusammen ergibt eine vergessene, verlassene Strecke Wegs inmitten der Stadt, an deren hoch gebauten Flussufern der Verkehr tags wie nachts jault und braust und ein Trüppchen schwarzer Nonnen unter Führung eines Paters jetzt gerade den Weg zum Vatikan einschlägt.

Unverändert, nur voller – das ist der Eindruck, den der einfache Spaziergänger gewinnt, und für einen Augenblick erscheinen ihm die engen Gassen zwischen den mittelalterlichen Trutzbauten unheimlich, er meint die Ströme von Blut zu spüren, die hier vor Jahrhunderten geflossen sind, doch dann öffnet der katzenkopfgepflasterte Weg sich schon wieder auf einen Platz, und erhaben erscheint dort das *Pantheon* in der beginnenden Dunkelheit. Ein letzter Rest unwirklichen Himmelsblaus leuchtet durch die kreisrunde

Öffnung in der Kuppeldecke, jetzt schlägt wieder der Regen ins Innere durch und spritzt dort vom Marmorboden hoch, und die Menschen, die sich hier wenigstens für einen Atemzug Ruhe, ein kurzes Innehalten vor dem nächsten Nässeangriff versprachen, springen erschrocken zur Seite.

Wer das Pantheon wieder verlässt, findet sich auf einem kleinen Platz wieder, rundum eingefasst von Trattorien und Restaurants, die zu dieser Stunde noch fast leer sind – hier ist der Nabel des touristischen Rom. Doch heute leckt Regenwasser durch die Dächer der Sonnenschirme, und zum hundertsten Male wohl wischen die Kellner Tische und Stühle trocken in der Hoffnung, wenigstens auf einen Aperitif oder *Caffè* möge sich ein Gast hier niederlassen. Auch wir aber wollen uns nicht setzen. Wir sind verabredet und steuern eine riesige hohe Holztür an, unten ist sie vier Handbreit hoch mit Messing beschlagen, und an die Ringe, die das Öffnen der Tür erleichtern sollen, reicht eine kleine Person nur knapp heran.

Für eine kleine Person ist es auch noch beschwerlicher als für eine solche mit langen Beinen, die sechs Etagen zu Fuß zu überwinden, die wir jetzt – auf unserem Weg zwei Sicherheitsschleusen passierend – bis unters Dach des alten Gebäudes hinaufzusteigen haben. Und oben wartet, unter verhaltenem Lachen über den heranschnaufenden Gast, eine ebenfalls kleine Person, die diesen Weg mindestens einmal am Tag macht: Inge von Weidenbaum, wie Christine Koschel, mit der sie die Wohnung teilt, eine Freundin Ingeborg Bachmanns aus deren dritter und letzter römischer Phase – auch Frau Bachmann also ist diese Stufen von den späten sechziger Jahren bis in die frühen

Siebziger häufig hinaufgestiegen, für einen physisch geschwächten Menschen keine leichte Sache.

Aber die Schriftstellerin Bachmann, die in jenen Jahren an ihrem «Todesarten»-Zyklus schrieb und eben dabei war, den einzigen zu ihren Lebzeiten aus diesem Komplex veröffentlichten Roman «Malina» fertigzustellen, die Schriftstellerin Bachmann also, Kettenraucherin und im Allgemeinen ohnehin nicht eben für eine gesunde Lebensführung bekannt, unterzog sich, wie wir hier gleich hören werden, in jenen Jahren einem regelmäßigen Fitnesstraining: Spaziergänge und Wanderungen, Schwimmen im Meer bei Ostia, auch Radfahrten auf dem Monte Pincio standen auf dem Programm. «In den späten sechziger Jahren habe ich mit Ingeborg täglich Spaziergänge unternommen», hat die Freundin Christine Koschel in einem kleinen impressionistischen Text über ihre Freundschaft mit der Dichterin berichtet, «sie sollten der Ausgleich sein für die extreme Nervenanspannung, in der sie an der Niederschrift von ‹Malina› arbeitete (...). Ich holte sie entweder um neun Uhr früh in ihrer Wohnung in der Via Bocca di Leone ab oder, falls der Morgenspaziergang ausfiel, gegen fünf Uhr nachmittags. (...) Wind- und Wettergänger, ließen wir uns von keiner Jahreszeit abhalten und entschieden meistens erst oben (auf dem Monte Pincio) das Ziel.» Hier inspizierten beide regelmäßig die Wasseruhr, die auf einem künstlichen Fels in einem von einer Quelle gespeisten Becken steht und immer eine andere Zeit anzeigte als die Armbanduhren der Damen, dann liefen die beiden weiter zu den «Giganten der Nation», die einander auf einem schattigen Parkweg als Porträtbüsten gegenüber stehen: «Rossini, Tommaso d'Aquino, Giuseppe Gioacchino Belli (...) stehen Spalier, mit stumpfernsten Mienen, die abgehauenen Nasen ein Tribut an die *Vandali della Notte.*» Boccaccio war mit Hakenkreuzen beschmiert und trug ein aufgemaltes Hitlerbärtchen, Dante, blau angestrichen, war mit dem Etikett «Stronzo» verziert, Alessandro Manzonis Kopf voller obszöner Schmierereien. «Wir studierten auf jedem Spaziergang», heißt es in dem Bericht, «welches berühmte Haupt der Sudelphantasie nächtens zum Opfer gefallen war»[6] – und dann ging es weiter zum Fahrradverleih.

Die Dichterin Bachmann war seit ihren Berliner Touren durch den Grunewald in den frühen sechziger Jahren – der Schriftsteller und ritterliche Freund Uwe Johnson radelte voraus, Hans Werner Richter, der Chef der Gruppe 47, fungierte als sichernder Schlussmann – eine trainierte Radlerin. Diese von ihrem Arzt angeratene Ertüchtigungsübung wurde nun in Rom auf dem Stadthügel, den die sportiven Damen von ihren Wohnungen aus bequem zu Fuß erreichen konnten, fortgesetzt. Nur ein Tandem, an dem sie sich ebenfalls versuchten, hielt ihren Bewegungskünsten nicht stand: Bei einem unkoordinierten Steuerungsversuch fielen Frau Koschel und Frau Bachmann kichernd zu Boden; das einfache Fahrrad war offenbar doch die bessere Lösung.

Bilder sind dies, die mit der verbreiteten Vorstellung von der auratischen Dichterin, die sich in rauschhaften Zuständen ihrer schriftstellerischen Arbeit hingibt, scheu, ernst und umwölkt von Schmerz und Trauer unbekannter Herkunft, nicht zusammenpassen wollen. In der Erinnerung ihrer Freundinnen vom Ende der sechziger, Anfang der siebziger Jahre erscheint sie – und Inge von Weidenbaum bestätigt dies jetzt im Gespräch – als eine, die zeitig aufsteht, eine emsige Spaziergängerin, Radfahrerin und gute Schwimmerin, als ein Mensch, der das Vernünftige tut, um die geschädigte Gesundheit zu stärken, und dies alles offenbar nicht einmal ungern. «Wie man spazieren geht und nicht nur schleicht und herumtrödelt», davon hatte Ingeborg Bachmann eine genaue, noch aus ihrer Kärntner Kindheit stammende Vorstellung. Außer den regelmäßigen Gängen mit Christine Koschel durch die Villa Borghese absolvierte sie überdies zweimal wöchentlich mit der Übersetzerin Toni Kienlechner mehrstündige Fußmärsche durch die römische Campagna. Geredet wurde dabei «über Gott und die Welt und was man von dieser zu halten habe, wenig über Literatur und nie, zu meinem Leidwesen», so notiert die Freundin, «ging die Rede über die wundervolle Landschaft, durch die wir streiften. Einmal, als meine Begeisterung über eine unvergleichlich malerische Baumgruppe oder eine klassische Hügellinie nicht mehr zu bremsen war, holte Ingeborg ihre Brille aus der Tasche und schaute mir zuliebe herum. ‹Mit der Natur hab' ich ja nun gar nichts im Sinn›, sagte sie und lächelte entschuldigend.»[7]

Da sprach die ganz auf die Schrift fixierte Intellektuelle. In jenen Jahren ging ihr die Arbeit an den «Todesarten»-Romanen im Kopf herum, die ihre Arbeitstage fraß und sie mit weitreichenden philosophischen, psychologischen und historischen Fragestellungen beschäftigte. Um – und dies ja auch nur auf Aufforderung, aus Höflichkeit – ein-

mal einen Blick auf die Natur zu tun, musste Frau Dr. Bachmann ihre Brille auspacken, eine umständliche Aktion. Und was ihr dann vor Augen kam, entzückte sie durchaus nicht: Natur! Die einfach nur da war, unablässig wuchs, für die intellektuelle Existenz ohne Belang. Allerdings legt die Naturszene aus der Campagna auch die lebenspraktische Frage nahe, ob es für jemanden, der selbst eine Baumgruppe oder Hügelkette nur unter Verwendung einer Sehhilfe ins Auge fassen konnte, nicht geraten gewesen wäre, ständig eine Brille zu tragen. Inge von Weidenbaum, selbst Brillenträgerin, lehnt sich in ihrem gemütlichen Sessel zurück und lacht. «Die Wahrheit ist», sagt sie dann, «dass Bachmann wahnsinnig kurzsichtig war – sie hatte minus 13 Dioptrien, in zwei Metern Abstand begann für sie die Undurchdringlichkeit der Welt. Aber eine Brille wollte sie trotzdem nicht tragen, aus Eitelkeit. Stellen Sie sich aber auch bloß mal vor, wie dick deren Gläser hätten sein müssen: geradezu monströs! Daheim muss sie auf jeden Fall eine Brille gehabt haben, sonst wäre sie nicht durch den Alltag gekommen und hätte schon gar nicht schreiben können. Aber ich habe sie, solange ich sie kannte, niemals mit einer Brille gesehen. – Es gibt doch diese schönen Fotos, auf denen sie vorgibt, aus einer normalen Distanz Zeitung zu lesen, und in Hans Werner Henzes Autobiografie ist ein Foto zu sehen, auf dem die beiden Boccia spielen – Ingeborg trägt da eine Sonnenbrille, aber eine Brille? Kein Gedanke! Dabei wäre ihr das Zeitunglesen wie das Bocciaspielen ohne Augengläser überhaupt nicht möglich gewesen, und Haftschalen trug sie auch nicht: Zu ihrer extremen Sehschwäche kam nämlich noch eine Achsenverschiebung im Auge, die ihr das Tragen von Kontaktlinsen unmöglich machte.»

Wir denken an die Geschichte «Ihr glücklichen Augen» aus Ingeborg Bachmanns letztem Erzählungsband «Simultan», in der eine Frau namens Miranda die Welt nur wie durch einen Schleier wahrnimmt und dies ausdrücklich als ein Glück empfindet – ein verstecktes Selbstporträt womöglich? «Nicht ganz», sagt Inge von Weidenbaum. «Für diese Erzählung habe ich Ingeborg mein eigenes Brillenrezept geliehen; sie selbst sah nicht einmal halb so viel wie die arme Miranda.»[8]

Inge von Weidenbaum beugt sich vor und fasst jetzt den Gast fest ins Auge. «Zu den banalsten Mythen gehört ja, dass die Dichterin Bachmann immerfort etwas fallen ließ, um die Herren sich zu Diensten zu machen, dass sie ihre Papiere durcheinander brachte, die dann irgendwo zu Boden segelten – all das, wie auch ihre zeremonielle Langsamkeit beim Gehen, die irgendwelche Trottel als Feierlichkeit gedeutet haben, war eine Folge ihrer extremen Kurzsichtigkeit! Sie musste einfach genau schauen, wo sie hintrat – und konnte es doch allenfalls ahnen. Immer aber hat sie versucht, diesen Defekt möglichst elegant zu überspielen, und das gelang ihr auch derartig gut, dass die Leute ihre tastende Bewegungsart als eine Art priesterliches Gebaren verstanden. Wie sie schließlich in ihrer Konfusion mit Schlüsseln, Taschentüchern und Papieren nur zu gern eine typisch weibliche Verhaltensweise erkannten, ein Zeichen ihrer charmanten Hilfsbedürftigkeit.»

Von einer Lesung erzählt die Bachmann-Freundin dann, in der die Autorin ihre Gedichte – wie gewohnt schwebte das eine oder andere Blatt zu Boden, wie immer wurde wirr und scheinbar ziellos in den Seiten gewühlt – unter zunehmend nervösem Flattern der Augenlider vortrug; man hätte denken können, sie sei den Tränen nah. Und sie war es auch. Doch lag der Grund auch hier keineswegs in einem Zustand gesteigerter Verstörung oder anders motivierter innerer Abwesenheit. Frau Bachmann hatte es vielmehr für diese Lesung doch einmal mit Kontaktlinsen versucht, die aber passten nicht. Sie sah kaum etwas, ihre Augäpfel begannen zu schmerzen, und tatsächlich füllten sich ihre Augen mit Tränen – derselbe Vorgang, der auch in einer Dokumentarfilm-Aufnahme aus den sechziger Jahren von einer Lesung in der Berliner Kongresshalle zu beobachten ist. Nach den Informationen von Inge von Weidenbaum sieht man das Geflatter und Geblätter, all das befremdliche Hantieren und scheinbar ratlos-verträumte Ins-Nichts-Starren nun mit anderen Augen; und kann die Haltung, mit der die Autorin, mindestens halb blind, das Lesungsritual vor übervollem Saal übersteht, nur noch bewundern: Sie gab nicht auf, und sie ließ sich nichts anmerken. Etwas Preußisches muss es da also in Ingeborg Bachmann auch gegeben haben – ein Job, den man übernommen hat, wird bis zu Ende durchgestanden, basta. Von Hysterie, der Gefangenschaft in einem anderen Wahrnehmungszustand etwa, die man ihr so gern nachsagte, bleibt danach hier jedenfalls keine Spur.

5

Der Nachmittag ist weit fortgeschritten. In der Wohnung von Inge von Weidenbaum und Christine Koschel, die im Auftrag der Erben weiland den literarischen Nachlass Ingeborg Bachmanns geordnet und Ende der siebziger Jahre die Gesamtausgabe ihrer Werke besorgt haben, ist es anheimelnd warm und hell. Ein Sofa und ein paar Sessel, ein niederer Tisch, auf dem jetzt Kaffeegeschirr und Kekstellerchen stehen; weiter hinten, hinter einem Stützbalken des ehemaligen Dachbodens, liegt der Durchgang zur kleinen Küche, in der die Bachmann-Freundin jetzt einen Campari Orange zubereitet. Nach vorn hinaus aber, zur Piazza Rotonda vor dem Pantheon, öffnet sich die kleine Wohnung zu einer Dachterrasse; von unten die ockerfarbene Fassade des hohen alten Hauses hinaufschauend, konnte man ganz oben hinter einem metallenen Gitter Zweige sich im Herbstwind bewegen sehen. «Ingeborg kam oft hierher auf unsere Terrasse, um sich zu sonnen», erzählt Inge von Weidenbaum. «Zu ihrer Wohnung in der Via Bocca di Leone gehörte zwar eine Riesenterrasse, an die achtzig Quadratmeter groß; aber weil sie so tief lag, konnte man sie von allen Seiten her einsehen. Da hat sie sich verständlicherweise nie richtig wohl gefühlt. Also kam sie hierher und blieb manchmal auch noch am Abend – viele Nächte haben wir durchgeredet, über alles Mögliche, und wenn sie dann am frühen Morgen nach Hause ging, waren wir alle völlig verräuchert: Ingeborg rauchte ja eine ‹Gitane› an der anderen, dies schwere, filterlose Zeug.»

Alles also ganz entspannt, gesellig, amüsant? Und die Dichterin, die als ihr Credo formuliert hatte «Denken ist solitär, Alleinsein ist eine gute Sache» –, nicht nur eine wanderfreudige und sonnenbadende Person, sondern auch ein Mensch für einen lockeren Schwatz unter Freundinnen, ohne Attitüden und Aufmerksamkeit gebietende Marotten? Inge von Weidenbaum, in der Erinnerung ganz zurückgetaucht in die Zeit vor dreißig Jahren, zögert kaum merklich. «Ich habe die fröhliche Ingeborg erlebt, und ich habe diejenige erlebt, die plötzlich von Angstanfällen überwältigt wurde.» Ängste ohne äußeren Zusammenhang, ohne erkennbaren Auslöser? «Sie hat nie darüber gesprochen», sagt die kleine, fragile Person im Sessel und schaut in ihr Glas. «Wir wussten nur, was zu tun war, weil sie uns instruiert hatte. Wir brachten ihr warmes Wasser mit Honig, und sie sagte ‹Sprechen Sie! Sprechen Sie! Reden Sie einfach irgendetwas!› Welcher Art die physischen Erscheinungen waren, das hat sie in ihrem Romanfragment ‹Der Fall Franza› beschrieben, Symptome, die sie dort als ‹das Gehabe› bezeichnet. Diese Anfälle unter uns zum Thema zu machen, verbot sich. Ingeborg hätte nie zugelassen, dass man ihr dazu Fragen gestellt hätte. Also sind wir darüber hinweggegangen und haben es genommen, wie es war» – allein das «Sie» der gegenseitigen Anrede, das Ingeborg Bachmann auch mit ihrem Freund Uwe Johnson praktizierte, bezeugte den Abstand, der hier unbedingt einzuhalten war.

Da sind wir nun also, jenseits all des Sportiven, Heiteren und Alltäglichen, jenseits auch des so kurios wie simpel entzauberten Mythos von der priesterlich einherschreitenden Bachmann, unversehens in jenen Bezirk gelangt, in dem die Rätsel und Geheimnisse dieser Autorin ruhen, wohl gehütet von ihren Freunden und der Familie bis auf den heutigen Tag. Und wer weiß, vielleicht weiß ja auch keiner wirklich etwas Genaues, vielleicht haben alle immer nur spekuliert – bis auf jenes Ärztepaar natürlich, Ingeborg Bachmanns sogenannte Freunde aus St. Moritz, die sie jahrelang mit Psychopharmaka versorgten, die auf keinen Fall länger als einige Monate lang hätten eingenommen werden dürfen: weil sie abhängig machten, Angstzustände auslösten und zerebrale Schädigungen wie auch den Funktionsverlust innerer Organe nach sich zogen und überdies den Verlust des Tastsinns. Von außen und nachträglich betrachtet, scheint es nur schwer verständlich, dass offenbar niemand aus dem näheren Umfeld es vermochte, in diesen Zustand fortgeschrittener Abhängigkeit mit all seinen schließlich unübersehbaren Konsequenzen einzugreifen.

«Ingeborg Bachmann beherrschte die hohe Kunst der wortlosen Kommunikation», versucht Inge von Weidenbaum das Ausbleiben freundschaftlicher Intervention zu erklären – es ist durchaus nicht so, dass sie sich keine Gedanken über die Verantwortung gegenüber einer Suchtkranken gemacht hätte. «In den letzten Monaten bemerkten wir, dass sich etwas zusammenbraute. Aber wir stießen nur auf ein Distanz gebietendes Schweigen, das undurchdringlich war – wir wussten, unsere Fragen wären unbeantwortet geblieben.» 1971, der «Malina»-Roman ist in Deutschland erschienen und verkauft sich trotz teils feindseliger Kritik herausragend gut, war die Autorin aus der Via Bocca di Leone in den Palazzo Sacchetti, Via Giulia 66, nahe dem Tiberufer umgezogen. Vom Lärmchaos rund um ihre zuvor so geliebte «casa» unweit der *Spanischen Treppe* hatte sie ihrem Schriftstellerfreund Uwe Johnson Ende der sechziger Jahre eindrückliche Schilderungen gegeben. «Ein Lärm, der einem die Nerven durchscheuert», schrieb sie in einem Brief, «muss sein wie die fünfhundertsiebzigste Aufführung eines Broadwaystücks, man muß wachend, schlafend, teetrinkend, lesend, tippend, wissen, aha! Jetzt kommt das, jetzt Ugo, jetzt Domenico, jetzt die Nachrichten, jetzt der Krimi, jetzt Italowestern, jetzt der Hund von oben rechts, und wenn man dann plötzlich aufsteht mit rasenden Kopfschmerzen und in die Bar hinunterläuft, dann sind Geräusche wirklich ein voller und nicht mehr zu leugnender Erfolg, dann haben sie sich endgültig durchgesetzt ...»

Inge von Weidenbaum allerdings hält die italienische Lärmfolter nur für ein sekundäres Umzugsargument. «Ich glaube, die Wahrheit liegt darin», sagt sie, «dass Ingeborgs Tablettenabhängigkeit derart überhand genommen hatte, dass es immer wieder zu so genannten Malheurs kam; sie stürzte häufig, verletzte sich dabei und erfand immer neue Ausreden für ihre Unfälle. In ihre Wohnung in der Via Bocca di Leone aber konnte man von fast allen Seiten hineinsehen, das wäre auf die Dauer wegen des Klatschs in der Nachbarschaft nicht gegangen. Die Noblesse ihrer neuen Adresse war demgegenüber im Rom jener Tage kaum mehr steigerungsfähig – aber Ingeborg sagte auch: ‹Wenn mir hier einmal etwas passiert, wird mich niemand hören.›» Uns fällt das Ende des «Malina»-Romans ein, wo es heißt: «Kein Alarm, keine Sirenen. Es kommt niemand zu Hilfe.

Der Rettungswagen nicht und nicht die Polizei. Es ist eine sehr alte, eine sehr starke Wand, aus der niemand fallen kann, die niemand aufbrechen kann, aus der nie mehr etwas laut werden kann.»[9] Und wir denken an das reale Ende Ingeborg Bachmanns, das mit einem bis heute in seinen Einzelheiten nicht aufgeklärten Brandunfall in der Nacht vom 25. auf den 26. September 1973 in der Via Giulia 66 seinen Anfang nimmt. Das Opfer, knapp wieder zur Besinnung gekommen, musste selbst Hilfe herbeitelefonieren; gehört hatte sie tatsächlich niemand.

6

Wie sieht die Welt aus, wenn wir am beginnenden Abend dieses Oktobertags die vielen Stufen des Hauses an der Piazza Rotonda wieder hinunterlaufen, die beiden Sicherheitsschleusen passieren, ohne die wegen der rasant gestiegenen Kriminalitätsrate im historischen Zentrum Roms heute kein Wohnhaus mehr auskommt; wenn wir durch die schwere Tür wieder auf den Platz treten, und alles ist noch an seiner Stelle, die Cafés, die Bars und Restaurants, die Touristenpulks strömen unablässig ins Pantheon hinein und wieder heraus, aber der Regen hat nachgelassen, und das alte Pflaster im Schein der Straßenlaternen zeigt einen feuchten Schimmer? Wir müssen das Gehörte in uns in Bewegung setzen, um es zu überdenken, und verspüren das Bedürfnis, jetzt in Rom – das immer noch, seltsam genug, wie das von Ingeborg Bachmann beschriebene Rom ausschaut – noch ein wenig umherzulaufen.

Wir passieren zuerst einen Buchladen, in dem unter enormem Publikumsandrang gerade eine Dichterlesung stattfindet, noch vor dem Eingang drängen sich die Zuhörer, der lesende Autor selbst aber bleibt unsichtbar, ganz schwach nur ist seine Stimme zu hören. Wir halten auf unserem ziellosen Weg ein vor einem Obelisken, vor dem auf einem Sockel ein in Stein gehauener Elefant steht; wie mitten in einer heftigen Bewegung angehalten wirkt er, sodass man ihn auf den ersten Blick für ein lebendes Wesen halten möchte, wäre der Rüssel dem Künstler nicht eigentümlich lang geraten. Auf eine Kirche folgen nun Geschäfte an unserem Weg, die gerade zu schließen beginnen, fast warm ist es geworden in den vergangenen Stunden. Alles macht einen alltäglichen Eindruck, zugänglich und selbstverständlich, und ein Gefühl stellt sich ein, als wäre man nach langer Zeit einmal wieder in einen alten Schuh geschlüpft und siehe da, er wärmt und passt wie angegossen.

Für einen Moment will es uns scheinen, als sei all das Heitere wie das überraschend sportlich Aktive der Dichterin Bachmann, als seien die Erzählungen von einer unspektakulären Alltagsfreundschaft mitsamt dem leicht Unheimlichen, wenigstens Ungeklärten, das auch dazu gehörte, dort oben hinter der Terrassenbrüstung zurückgeblieben, die jetzt schon ein paar Straßenecken zurückliegt. Doch während wir im Vorübergehen, aus dem Augenwinkel zunächst nur, eine Reihe von Schaufensterauslagen wahrnehmen, die hinter goldenen Pokalen unterschiedlichster Form und Größe goldbestickte Gewänder in seidig schimmerndem Weiß und Grün präsentieren, auf die sodann prächtige Mitren, elegante Herrenschuhe und flache schwarze Hüte folgen – während wir also nur allmählich begreifen, dass hier das höhere männliche Kirchenpersonal sich einkleiden soll, während die Nonne von heute im Nebenschaufenster sich mit einem hochgeknöpften Polohemd, grauer Reissverschlussjacke und einem beigefarbenen Rock wie vom Dorf bescheiden muss, spüren wir, wie sich Inge von Weidenbaums Erzählung schon in uns gefestigt hat: Jetzt nämlich hätten wir den Wunsch, vor dem klerikalen Modeangebot mit einer heute eben über achtzigjährigen Ingeborg Bachmann, Einwohnerin der Stadt Rom seit fünfzig Jahren, stehen zu bleiben und zu hören, was ihr dazu einfiele – ein kleiner Exkurs vielleicht zur Verknüpfung von Frauenverachtung und Marienüberhöhung in der katholischen Kirche, oder auch zum überraschend fraulichen Schmuckbedürfnis deren männlicher Repräsentanten? Nach dem, was wir über die offenbar häufig zu Scherzen aufgelegte Autorin wissen, scheint eine ironische Bemerkung der Protestantin über fromme Männer in spätantiken Frauengewändern nicht unwahrscheinlich, die auch die roten Prada-Schühchen sowie die nach kunstgeschichtlichem Vorbild maßgefertigte Hermelinkappe des gegenwärtigen Papstes noch mit einschlösse. Etwas Verkniffenes oder Weltentrücktes jedenfalls wäre nach allem, was wir gehört haben, selbst von der abgeklärten alten Dame kaum zu erwarten.

Wie also, fragen wir uns, passte sie in dies heutige Rom hinein, gehen wir einmal davon aus, das eine wie die andere hätten sich in den zurückliegenden Jahrzehnten nicht grundlegend verändert? Alles, was uns über die Person und ihr Alltagsverhalten berichtet wurde, scheint uns ohne Weiteres auch in dem Ambiente vorstellbar, durch das wir hier nun gehen – alles, was die Intellektuelle wie die Autorin Ingeborg Bachmann ausmachte: ihre absolut auf sich gestellte Lebensweise als berufstätige Frau, all die Schwierigkeiten materieller wie persönlicher Natur, die sich damit verbanden, die preußisch durchgehaltenen Versuche körperlicher Ertüchtigung eines Schreibtischmenschen ebenso wie die glanzvollen gesellschaftlichen Auftritte in den besten Kreisen der Stadt, all dies könnte ganz von heute sein. Wie ja auch mindestens die Romane der Schriftstellerin – sehr im Unterschied zu den zeitgenössischen Werken ihrer männlichen Kollegen – so gegenwärtig wirken, als wären sie gestern erst geschrieben.

Dies ist die Bilanz des ersten römischen Tages unserer Spurensuche: dass die reale zeitliche Distanz schrumpft, je näher wir den Orten kommen, an denen Ingeborg Bachmann gelebt hatte. Umso mehr noch, sobald Menschen, die mit ihr in nahem Kontakt standen, die Verhaltensweisen und Eigenheiten der Person vergegenwärtigen. Dass dies mit den jahrtausendelang unveränderten Grundgegebenheiten der Ewigen Stadt wie mit der Präsenz der Toten in der Erinnerung ihrer noch lebenden Freunde zu tun hat, ist keine Frage. Doch beginnt uns an diesem Abend zu dämmern, dass der unerwartete Effekt auch mit der Modernität der gesuchten Figur selbst zusammenhängen könnte: mit einer weiblich-intellektuellen Existenzweise, die mittlerweile derart verbreitet ist, dass sie heutigen Beobachtern an der Schriftstellerin Bachmann als etwas ihrer Zeit Vorausgreifendes zunächst womöglich kaum deutlich wird. «Wenn die Tür zufällt zu dem Zimmer, in dem ich arbeite, dann gibt es keinen Zweifel: Denken ist solitär, Alleinsein ist eine gute Sache»[10], hieß es in einem ihrer

Statements in einem Fernsehporträt vom Frühjahr 1973. Dies haben auch wir inzwischen gelernt. Und ebenso, dass die Person in ihrem Zimmer für sich allein aus eigener Kraft etwas unternehmen muss, wenn das alleinige Denken sie nicht aufzehren soll: mit Freunden beisammen sein, ausgehen, sich sportlich betätigen. Wie auch Frau Bachmann es tat, dreißig, vierzig, fünfzig Jahre zuvor. Der all dies allerdings schließlich nichts geholfen hat.

7

Sich mit dem Komponisten Hans Werner Henze für ein Gespräch zu verabreden, ist kein leichtes Unterfangen. Das hat verschiedene Gründe. Zuallererst umgibt den berühmten Mann, dessen Werk in der Neuen Musik einzig dasteht in seiner Verbindung von Wohlklang und Intellekt, von neu zum Leben erweckter Literatur- und Musikgeschichte, ein Kordon von Abschirmungsmaßnahmen – die Sicherheitsschleusen im Wohnhaus Inge von Weidenbaums muten dagegen wie eine Spielerei an. So erfolgt die erste Stufe der Kontaktaufnahme über Henzes Agentin, die die Aufgabe hat, das jeweilige Begehren zu prüfen und es, nach grundsätzlicher Billigung, zum Anwesen des *Maestro* vor den Toren Roms weiterzuleiten. Die Agentin allerdings ist nicht immer erreichbar, ist unterwegs mit Orchestern in aller Welt, da kann ein Fax auch mal länger liegen bleiben und am Ende womöglich vergessen werden. Hat man es dann wieder in Erinnerung gerufen, gelangt es im Hause des Komponisten vor die nächste Schranke, nun in Gestalt eines Mannes, der die Termine und den Tageslauf des berühmten Mannes regelt. Und ist nach weiteren Faxen und Telefonaten schließlich auch diese Kontaktschleuse passiert und der Meister tatsächlich selbst am Telefon zu sprechen, ist die Wahrscheinlichkeit nicht gering, dass sein erster Satz, leicht vorwurfsvoll, lautet: «Ich habe keine Zeit, ich muss komponieren!»

Doch dann geht auf einmal doch alles ganz ohne Schwierigkeiten, ein Tag, eine feste Zeit werden vereinbart, alles ist sehr freundlich, höflich und zugewandt; die Bahnverbindungen hinaus nach Marino werden vom Terminkoordinator mitgeteilt, der auch am kleinen Bahnhof warten und uns in die Hügel chauffieren wird, in denen die «Leprara», das kleine Gut des Komponisten, liegt. Allerdings hat die Besucherin eines von nun an immer gegenwärtig zu halten: Ein Gespräch über die von Hans Werner Henze selbst verschiedentlich liebevoll als «große Schwester» apostrophierte Freundin – die eine Lebensfreundin hätte sein können, wäre nicht im Laufe der Jahrzehnte Trennendes unterschiedlicher Natur zwischen diese beiden Königskinder der Nachkriegskunst getreten – rührt wenigstens unterschwellig an eine Wunde. Die Lebenserinnerungen des Komponisten lassen es ahnen, wenn er nach Bachmanns Tod von «Stimmen der Angst und der Schuld»[11] spricht; auch ein Traum aus späteren Jahren verweist auf Ungelöstes, wenn da im *Caffè Greco* «die Inge Bachmann am Nebentisch mit Fremden» sitzend erscheint, «stumm, wie eine Fremde, schien mich nicht zu kennen, sollte ich mich vielleicht noch einmal vorstellen?»[12] Der Geist der Freundin jedenfalls ist gegenwärtig, und er scheint von einigem Eigensinn zu sein – nicht anders als die Lebende, möchten wir vermuten.

Auf der *Stazione Termini*, auf der sie vor mehr als einem halben Jahrhundert mit ihren Koffern ankam, stellt sich jedenfalls erst einmal heraus, dass auch dem Geist der italienischen Bahn etwas Unberechenbares eignet: Die angegebene Zeit, zu der wir den Zug in die ehedem vulkanische Umgebung Roms besteigen sollten, stimmt mit den Auskünften auf dem Fahrplan nicht überein. Glücklicherweise funktioniert das Handy, glücklicherweise wird am anderen Ende dessen Klingeln auch gehört: Man wird nun erst anderthalb Stunden später als verabredet ankommen können. Ah ja?, sagt eine ruhige Stimme. Auch gut. Der junge Mann, der die Termine verwaltet, wird sich also entsprechend später einfinden. Und wir haben plötzlich Zeit, noch ein wenig umherzuwandern. Heraus aus der tosenden Bahnhofshalle mit ihren überdimensionierten TV-Bildschirmen und Ansagen zum Zugverkehr, mit all den Mode- und Hifi-Geschäften, den Frühstücksbars und Zeitungskiosken, dann durchs Gewühl am Busbahnhof, vorüber an den wuchtigen Gründerzeitbauten des Vorplatzes (auch ein Stückchen Mussolini-Architektur ragt da an einer Ecke hervor) – noch ein Kaffee und ein Orangensaft also, eingezwängt zwischen Touristen, die hier auf der Suche nach einem Platz zum Frühstücken sind und sich in singendem Österreichisch darüber verständigen, dass sie daheim am Morgen aber etwas anderes verzehren, schnell noch ein Blick in die Notizen, kleine Veränderungen noch einmal im Ablauf der Fragen, und derweil brausen die Autos um den Platz, eine wärmende Herbstsonne scheint auf das Ambiente herab, blaugefegt ist der Himmel und vom Regen der vergangenen Tage nichts mehr zu spüren – Rom in der Bahnhofsgegend an einem ganz normalen Alltag, gar nicht schön und allenfalls mäßig prächtig, und doch, selbst hier gilt: «Nichts Schöneres unter der Sonne, als unter der Sonne zu sein!»

Wenig später rumpelt langsam der Zug aufs Gleis, Ehepaare in missmutiger Stimmung verstauen ihre Koffer unter den Sitzen und packen, verhalten zankend, Brote aus, während Schulkinder, schon um eben nach elf auf dem Heimweg zurück in die Campagna, in die Region, in der die Sommerresidenz des Papstes, Castel Gandolfo, liegt, durch die Abteile poltern, sich niedersetzen und alsbald wieder aufspringen, die ihre iPods einschalten, reden und rennen, stehen bleiben und wieder loslaufen, und draußen beginnt derweil die Landschaft vorbeizuziehen – beginnt erst allmählich sich überhaupt eine Landschaft einzustellen, sobald nach einigen Stationen die Vorstädte hinter uns zurückbleiben.

Ein weites Land breitet sich da hinter dem Zugfenster aus, wie seit ewigen Zeiten einfach so liegen gelassen, einmal taucht eine Baumkette auf, am Horizont zeichnen sich die ersten Hügel ab, dann kreuzt ein Aquädukt aus der Römerzeit den Blick, und gleich, denkt man, könnte sich hier auch ein verlorenes Menschentrüppchen durch die schattenlose gelbe Grassteppe bewegen: eine Landschaft ohne Zeit.

Aber dann kommen die ersten Tunnel, wir sind nun schon in den Hügeln, die Station «Ciampino» liegt hinter uns, ein hässliches Wildwest-Straßendorf, so sieht das Flughafenstädtchen mit seinen drei Hotels aus der Perspektive der Vorüberfahrenden aus, und dann kommen die ersten kleinen Ortschaften mit viel Grün und Anfang November noch blühenden Gärten, da holpern die letzten Schüler aus dem Zug, und auch wir sind kurz vor dem Ziel.

Dass der *Maestro* für das Weinfest in Marino in diesem Jahr das Plakat gestaltet habe, erzählt der junge Mann, der uns am Bahnhof erwartet, und eben erst sei Hans Werner Henze vom «Tonsättarfestival» in Stockholm zurückgekehrt – das opulent mit Fotografien aufgemachte Programmheft zur schwedischen Henze-Woche zeigt außer dem Anwesen des Komponisten und diesem selbst, der die Augen hinter einer enormen schwarzen Sonnenbrille verborgen hält, auch eine Aufnahme mit Ingeborg Bachmann aus den sechziger Jahren, als beide zusammen ihre größten Operntriumphe feierten: der Komponist und seine Librettistin. Die Vertonungen der «Lieder von einer Insel» sind uns im Ohr, die «Nachtstücke und Arien». Wir denken an das Ballett «Der Idiot», zu dem Ingeborg Bachmann im Sommer 1953 für Hans Werner Henze den «Monolog des Fürsten Myschkin» schrieb, ihre erste gemeinsame Produktion, aber auch an die Oper »Der Prinz von Homburg» wie an den «Jungen Lord», der zum erfolgreichsten Stück Musiktheater seiner Zeit wurde, ganz wie die beiden Künstler es sich vorgenommen hatten. Im Jahr 1965 in Berlin uraufgeführt, in einer der schwärzesten Phasen der Schriftstellerin, bildete diese Oper den Höhepunkt ihrer langjährigen künstlerischen Zusammenarbeit; und war zugleich deren Abschluss.

8

Die Arbeit am «Jungen Lord» verbindet beide, die Dichterin und den Komponisten, aber auch mit diesem Stück Land in der Region der *Castelli*, zu dem wir nun, nach einer Fahrt über gewundene Straßen, hügelan, hügelab und wieder hügelan, durch ein Tor in einer weiß gekalkten Mauer einbiegen. Hans Werner Henze fand und kaufte das Anwesen im Jahr 1962, «mit dem Auftragshonorar des ‹Jungen Lord›». «Es war», schreibt er in seinen Lebenserinnerungen, «ein mit hohen Mauern umgebener ‹uliveto›, den man durch einen barocken, mit einer lateinischen Inschrift und der Jahreszahl 1710 versehenen Torbogen betrat, das Portal fehlte (...) Wir waren in der alten ‹Lepraia› des Feudalherrn Colonna. Hier wurden im Mittelalter bis ins Settecento hinein die Hasen aufgezogen, die man im Herbst herausließ, wenn sie groß genug geworden waren, um von noblen Jagdgesellen zu Pferde, von ‹levrieri› und ‹whippets› begleitet, mit Pfeil und Bogen zur Strecke gebracht, auf der Flucht erschossen zu werden.»[13]

Eine Hasenzucht gibt es heute hier oben nicht mehr, doch das erste Lebewesen, das uns im kleinen Hof vor der Garage begegnet – ist ein Whippet, ein schmaler, in Hellgrau und Weiß gezeichneter englischer Jagdhund, und wie er sich da so freundlich und zutraulich nähert, wirkt er müde und hinfällig. Es ist aber nicht das Alter, das ihn gezeichnet hätte, sondern eine regionale, von Insekten übertragene Krankheit, die einige der Hunde Henzes befallen hat, nur der jüngste Dunkelbraune, der gleich an uns hochspringt, um unsere Beine wieselt und uns die kleine Treppe hinauf zum Haus begleitet, macht einen fidelen Eindruck; später wird er immer mal wieder in den saalartig großen Wohnraum kommen, um zu schauen, was die Menschen da immer noch zu reden haben und ob sie nicht bald fertig sind, damit sie sich endlich ihm zuwenden können. Er wird aber noch einige Stunden warten und immer wieder hereinschauen müssen, bis es so weit ist.

Zuerst nun erwartet uns an der seitlich gelegenen unauffälligen Haustür ein großer, kräftiger Mann mit einem enormen Schädel und dem Antlitz eines Fauns. Fausto Ubaldo Moroni ist dies, der Lebensgefährte Hans Werner Henzes seit vierzig Jahren – und auch er hat sich durch die Oper «Der junge Lord» mit dem Maestro und dem heute parkartigen Anwesen hier verbunden; ohne Fausto wären weder das großzügige Haus noch der ausgedehnte Garten, was sie heute sind. Die römische Inszenierung des «Jungen Lord» hatte er 1966 gesehen und darauf den Komponisten kennengelernt, Henze beschreibt den jungen Fausto als ein «ladinisch sprechende(s), anscheinend einem Mosaik aus Ravenna entsprungene(s) byzantinisches Fürstenkind, (einen) Kleinbauernsohn und Seefahrer von beispielloser Begabung für die Gastronomie, den Weinbau, die Liebe und ähnliche sinnliche Raffinements»[14], und all dies erkennen wir noch jetzt, Jahrzehnte später, in ihm wieder, wie er groß und mächtig dasteht und unbewegt zusieht, während wir uns langsam, vom kleinen Whippet begleitet, nähern. Statt, wie geplant – ein «Seefahrer»! –, nach Amerika zu gehen und dort sein Glück zu machen, hatte Fausto Moroni im Jahr 1966 all seine Lebenspläne umgeworfen. Er übernahm Restaurierung und Ausbau der «Leprara» und blieb seither mit Hans Werner Henze zusammen – für ein Leben mal hier, in dank seiner Arbeit schließlich edler Abgeschiedenheit auf dem Land, dann wieder auf langen Reisen von Metropole zu Metropole, im Betrieb des Kunst-und-Musik-Jetsets. «Er lernte meine Freunde kennen», erinnert sich der Komponist in seinen autobiografischen Aufzeichnungen, «an erster Stelle die Ingeborg, die sogleich von ihm ganz eingenommen war, so wie er von ihr.»[15]

Wie ein Wächter aber kommt er uns jetzt erst einmal vor, da er uns aufmerksam mustert und dann gemessen begrüßt, als sei es längst nicht entschieden, dass wir die Türschwelle auch passieren werden. Doch dann gibt er die Tür frei und geht ins Haus voran, biegt darin noch um ein paar Ecken, bis sich der große Wohnraum öffnet und eine Panorama-Glasfront den Blick auf einen frisch geschorenen Rasen und Olivenbäume öffnet – ein Anblick, so heiter und belebt, dass es unmöglich ist, dem Baumeister und Gartenarchitekten dies nicht auch zu sagen. Der kantige Riese, geschmeidig in seinen Bewegungen, obwohl er an den schmerzhaften Folgen eines Unfalls leidet, bleibt für eine Sekunde ebenfalls stehen und wendet sich um. Ein einverständiger Blick, dann geht es weiter. Voraus springt der schmale Hund, hinein in den Raum und rechts hinüber zu einem Landhaussessel in warmen Farben – «Voilà!», sagt Fausto und wendet sich dem hinteren Teil des Raumes zu. Wir erkennen eine Galerie, die hoch oben einen Teil des Raums umläuft, Bücherregale, moderne Gemälde an den Wänden, zwei Flügel, auf deren einem, unübersehbar, ein Porträt Ingeborg Bachmanns. «Guten Tag», sagt der Komponist.

Wie lange werden wir hier sitzen, während Fausto wie getrieben den Raum durchquert, hin und her, auf und ab, während der junge Opernregisseur, der uns vom Bahnhof abholte, sich nun zu uns setzt, immer wieder Wasser in unsere Gläser schenkt und, bis auf einen kurzen Blitzmoment gegen Schluss, stumm unserem Gespräch folgen wird, während wir reden und reden und aus plastisch geschilderten kleinen Szenen sich allmählich ein Bild von der toten Dichterin zusammensetzt, das sie für ein paar Stunden in das Leben hier, ins gemeinsame Leben mit Hans Werner Henze, zurückholt – das Facetten ihrer Persönlichkeit zeigt, von denen wir nichts geahnt haben?

Eine so dicht gewobene Atmosphäre aus Worten und Bildern wird dies sein, dass das Zeitgefühl versagt und wir hernach nicht glauben werden, dass bis zum Mittagessen anderthalb Stunden vergangen sein sollen. Und auch nicht glauben werden wir, dass der Mann mit dem schönen kahlen Kopf, dem feinen, leicht gebräunten Gesicht, angetan mit einem roten Pullover und fein kariertem Hemd, womöglich achtzig Jahre alt sein soll. So quicklebendig und wach, so mutwillig und witzig im Erzählen, so präzise in seiner Erinnerung wie in seinen Urteilen, so ungezwungen zugetan schließlich ist er, dass es nicht schwerfällt, sich die erste Begegnung von Frau Bachmann und Herrn Henze, beide zu diesem Zeitpunkt 26 Jahre alt, vor Augen zu rufen; und die Hingezogenheit von Frau Bachmann vom ersten Augenblick an zu teilen.

9

Wir sehen zunächst vor uns die Burg Berlepsch bei Göttingen in den letzten Oktobertagen des Jahres 1952. Hier tagt die Gruppe 47, Ingeborg Bachmann ist zum zweiten Mal dabei, im Frühjahr hatte sie auf dem Treffen in Niendorf an der Ostsee – mit stupendem Erfolg – ihre Lesepremiere vor der Gruppe. Und sank nach ihrem wegen schamhaften Flüsterns kaum hörbaren Vortrag – vor Aufregung und Anstrengung wohl, denn hier entschieden sich, wie sie wusste, literarische Karrieren – ohnmächtig vom Stuhl, hilfswillige Herren sollen sie auf ihrem Zimmer versorgt haben. Das war die Geburt des «Mythos Bachmann».

Im Herbst desselben Jahres aber finden wir sie entspannt, man plaudert beim Kaffee, und der junge Komponist, der mit einem befreundeten Schriftsteller auf die Burg gereist ist, möchte wissen, wer die attraktive junge Dame mit dem österreichischen Akzent ist. Oh, sie schreibe Heimatromane, gibt Ingeborg Bachmann zur Antwort – «da sie aus Kärnten stamme, sei das ja nur natürlich. Deshalb lehne sie die Moderne, wie sie hier vorgeführt werde, auch ab, als Asphaltliteratur. Sie sagte, sie fühle sich, als sei sie durch einen Irrtum hierher verschlagen worden»[16] – als Berichterstatterin für den Wiener Rundfunk sei sie zugegen. Dem jungen Mann ist, wie er später notieren wird, klar, «dass sie mich zum besten hielt, zumal sie ja auch im Reden, im Auftreten und in ihrem Wiener Schneiderkostüm so schlecht mit Heimaterde und Almenrausch in Verbindung zu bringen war».[17] Das kleine Denkmal aus

Sprache, das er ihr aufgrund des allerersten Eindrucks gesetzt hat, gibt seine Sicht auf Ingeborg Bachmann bis heute uneingeschränkt wieder, kein Jota ist da etwa im Lichte ihrer späteren, durchaus nicht unproblematischen Beziehung zurückzunehmen: «Eine elfenhafte Erscheinung mit schönen großen Augen und zitternden Lidern, wunderbaren Händen, eine Person, von der eine Aura von Empfindsamkeit ausging, eine Verkörperung von Qualität, ein Mensch mit Grazie und Charme, wie von der Nachtigall geboren.»

«Wie von der Nachtigall geboren», wiederholt er jetzt, mehr als fünfzig Jahre später – ein Zitat aus dem «Prinzen von Homburg», und auf niemanden passe es so genau wie auf seine Freundin, die Dichterin. Die ja aber auch, die ironische Selbstcharakterisierung als Kärntnerische Heimatdichterin zeigte es, zu allerhand Schabernack aufgelegt sein konnte. «Frau Bachmann hatte einen *very special sense of humor*», sagt Hans Werner Henze, und die Erinnerung, die ihm jetzt vor Augen steht, amüsiert ihn sichtlich immer noch. Als beide in Neapel zusammenlebten, im Winter 1956, dem kältesten des Jahrhunderts, die Wölfe trieb er auf ihrer Nahrungssuche bis vor die Stadt, und man hegte – nicht zum ersten Mal – Heiratspläne, in dieser Zeit also, erzählt der Komponist, erfanden sie das Dienstbotenspiel. Die Dienstboten darin waren sie selbst, denn es fehlte am Geld, Personal zu beschäftigen, das für das Künstlerpaar geputzt und die Betten gemacht hätte. Um sich bei derart langweiligen Verrichtungen also wenigstens gut zu unterhalten, erzählten die Dichterin und der Komponist einander in der fiktiven Eigenschaft als Zimmermädchen und

Butler Klatschgeschichten aus dem Privatleben ihrer Herrschaft. Hans Werner Henze grinst.

Lag in dem Rollenspiel vielleicht auch eine Möglichkeit, eigene erotische Eskapaden und Techtelmechtel, die sich außerhalb ihres Zusammenlebens ereigneten, zum Thema zu machen – eine geschützte Situation für Geständnisse? Denn die Beziehungskonstruktion der beiden war ja einigermaßen kompliziert, dabei luftig zugleich: ein homosexueller Mann und eine zur selben Zeit in noch anderen Beziehungen – etwa zu Paul Celan – engagierte heterosexuelle Frau, die zeitweilig ernsthaft daran dachten, zu einem standesamtlich getrauten Ehepaar zu werden. Der sich über fast zwanzig Jahre erstreckende bewegende Briefwechsel zwischen Hans Werner Henze und Ingeborg Bachmann[18] bezeugt die große Liebe zwischen beiden ebenso wie die Brüche, die immer wieder aus ihrer unterschiedlichen sexuellen Orientierung folgten und jedenfalls dazu führten, dass die Heiratsvorbereitungen, so überzeugt sie von beiden Seiten betrieben worden waren, beide Male abgebrochen werden mussten. Die Abspaltung der Sexualität von der Liebe hatte sich als ein nicht lebbares Konzept erwiesen, der Schutz und die Bestärkung, die beide einander in ihrer Beziehung geben konnten, hielt der Belastung durch ein unvermeidliches Nebenleben in für den anderen unzugänglichen Bezirken auf die Dauer nicht stand.

Nein, Gespräche über Intimes gab es nicht, Eifersucht war zwischen ihnen tabu, sagt Hans Werner Henze, und das musste so auch bleiben, so lautete die Verabredung. Dass sie nicht immer leicht und am Ende gar nicht mehr zu erfüllen war, erweist nicht nur der Briefwechsel. In Ingeborg Bachmanns später Erzählung «Drei Wege zum See» treffen wir auf ein vergleichbares, auch vergleichbar problematisches Arrangement zwischen einem Mann und einer Frau. Der Leser wird hier in eine Szenerie geführt, in der die Protagonistin noch einmal Revue passieren lässt, warum sie mit dem geliebten homosexuellen Ehemann Hugh gegen alles Wollen und Wünschen beider schließlich doch nicht hatte leben können. Zitiert wird dabei nicht nur nahezu wörtlich aus einem Trennungsbrief Henzes an die Freundin. Es werden auch Szenen aus dem Zusammenleben eines Paares beschrieben, die ohne Weiteres dem gemeinsamen Leben der Künstler-Stars Bachmann und Henze entstammen könnten. Allemal aber zeigen sie an, wie diese Lebensproblematik der Autorin noch bis in ihre späten römischen Jahre hinein nachging, als der Kontakt zwischen dem Komponisten und ihr zwar nach wie vor bestand und von beiden auch gepflegt wurde, die unbedingte Zusammengehörigkeit der fünfziger Jahre jedoch erloschen war. In der Erzählung lautet das Fazit der Beziehungsreflexion: «Mit Hugh hätte alles gut gehen müssen, und nur er hatte das fertig gebracht, Einfälle zu haben, die Elisabeth noch heute glücklich machten, denn Hugh war wirklich großzügig und gut zu ihr gewesen. Einmal hatte er einen Auftrag bekommen und eine Anzahlung von hundert Dollars, und von diesen ersten kostbaren Dollars, die er verdient hatte, kaufte er so viele Blumen für sie, dass sie in allen Vasen und Töpfen nicht unterzubringen waren und im Waschbecken und im Bad schwammen, und dazu ein teures Parfum, eine riesige Flasche, und Elisabeth war fassungslos, aber nicht so sehr vor Freude, weil die Telefonrechnung noch nicht bezahlt war und sie auch sehr knapp dran war (...) Heute gab es keinen Zweifel mehr, dass eine bezahlte Telefonrechnung nicht in Elisabeths Erinnerung geblieben wäre (...), aber die Blumen und das hinausgeworfene Geld, alles, was Hugh ohne Nutzen getan hatte, das war er geworden für sie, so lebte er weiter in ihr, glorifiziert ...»[19] Weit fortgerückt ist die Beziehung in dieser Erzählung vom Ende der sechziger, Anfang der siebziger Jahre also, unter Trauer und Bedauern, der Text selbst wird zum Mahnmal eines fast geglückten, schließlich nicht zu rettenden Lebensentwurfs.

Hans Werner Henzes Erinnerung aber bleibt im Gespräch noch bei den glücklicheren Tagen, über die sich freilich nun auch hier ein erster Schatten legt, der demjenigen über der Beziehung von «Elisabeth» und «Hugh» in seinem Ursprung nicht unähnlich ist. «Manchmal stellten wir uns vor», fährt der Komponist fort, «dass wir Kinder hätten, die dann mittags mit ihren kleinen Ranzen nach Hause kämen und fröhlich ‹Guten Tag, Mamá! Guten Tag, Papá!› sagen würden. – Ranzen!», ruft er plötzlich mit gespieltem Entsetzen aus, «Mamá! Papá! Schrecklich!» – Was wäre denn das Schreckliche daran gewesen? – «Eine normale bürgerliche Familie? Grauenhaft!»

Dass die Autorin, deren Affären dem Hörensagen nach Legion waren, die sich im Künstler-Jetset ihrer Tage ebenso wie der sprichwörtliche Fisch im Wasser bewegte wie unter den Adligen und Künstlern Roms, dass diese umtriebige, reisefreudige Person also sich ein Familienleben mit Mann und Kindern gewünscht haben sollte, ein bürgerlich geordnetes Ambiente mit klassischer weiblicher Rollenbeschreibung womöglich – hier hören wir es zum ersten Mal. Ingeborg Bachmanns Schwester wird Henzes Andeutungen später bekräftigen. Und wir werden den Hang der Autorin zum herkömmlichen Familienleben, so sorgsam verborgen unter der schimmernden Rüstung aus gesellschaftlichem Glanz und künstlerischem Ruhm, im Auge behalten. Traf er doch auf zwei selbst gewählte Definitionen dieser Künstlerinnen-Existenz, die es schwer vorstellbar erscheinen ließen, wie daneben auch noch diejenige der Hausfrau und Mutter gepasst hätte. Ingeborg Bachmanns Selbstrepräsentation als Dichterin folgte dem Rollenvorbild der größten Operndiva ihrer Zeit, Maria Callas, über die sie nach einer Begegnung an der Mailänder Scala im Jahr 1956 notiert hatte: «Sie war immer die Kunst, ach die Kunst, und sie war immer ein Mensch, immer die Ärmste, die Heimgesuchteste, die Traviata (...), unvertraut in einer Welt der Mediokrität und der Perfektion.»[20] In ihrer literarischen und intellektuellen Arbeit wiederum war die Autorin auf Zurückgezogenheit und Abkapselung angewiesen, allen Raum hielt hier die Schrift besetzt, und die Maxime lautete: «Denken ist solitär, Alleinsein ist eine gute Sache.» Wie beide Dispositionen, schon untereinander gegensätzlich, sich mit dem Bild einer mütterlich sorgenden Bachmann hätten verbinden können, scheint rätselhaft.

Doch ist es zu dieser Verbindung ja nicht gekommen. Mit Hans Werner Henze war ein Zusammenleben in der Trias aus internationalem Karriereglanz, unablässiger, konzentrierter Arbeit und klassischem Familienleben definitiv undenkbar, mit Paul Celan ließ es sich, aus ganz anderen Gründen, zu diesem Zeitpunkt ebenfalls nicht mehr herstellen. Womöglich liegt auch hierin ein Grund dafür, dass sich die mittlerweile über den deutschsprachigen Raum hinaus gefeierte Lyrikerin gegen Ende der fünfziger Jahre in ihrer privaten Existenz noch einmal neu orientierte – in Richtung eines Paar-Daseins, das die Möglichkeit eines Lebens mit Kindern wenigstens nicht grundsätzlich ausschloss.

Ein Nachhall der damaligen Kränkung klingt selbst jetzt im Gespräch noch durch, wenn der Komponist sich erinnert, wie die Freundin und er im Spätsommer 1958 in Neapel an ihrem ersten großen Opernprojekt, dem «Prinzen von Homburg» arbeiteten – und plötzlich tauchte «der Max» auf; unnachahmlich sarkastisch klingt die Wortfolge aus seinem Mund. Max Frisch also. Der in die Beziehung einbrach, so empfand es Henze, und dem «die Inge» folgte, zuerst nach Zürich, dann zu ihrem zweiten längeren Aufenthalt nach Rom, bis den «kleinen Bruder» im Januar 1963 aus einer Schweizer Klinik ein brieflicher Hilferuf der «großen Schwester» erreichte: Die Beziehung mit Frisch war zu Ende, dieser bereits mit einer neuen Frau unterwegs in die USA, hinter Ingeborg Bachmann lagen eine Abtreibung und ein Selbstmordversuch. Nun sollte Hans Werner Henze kommen und sie retten. Und er tat es.

Wenn es um Personen geht, die die Lebensgeschichte Ingeborg Bachmanns berührten, scheidet sich die Welt für den brüderlichen Wegbegleiter nach klaren Kriterien, deren oberstes: ob die jeweiligen Menschen seiner Freundin Gutes oder Böses getan, ob sie ihr wohl gewollt oder ihren Weg in die innere Isolation, von der zunehmenden Tablettensucht ohnedies zementiert, noch befördert haben.

Denn die Ingeborg Bachmann der frühen Tage sei eine weltzugewandte und lebenslustige, eine keinem Vergnügen abholde Person gewesen – und nun äugt der bekennende Westfale Hans Werner Henze verschmitzt zu seiner Besucherin herüber und setzt hinzu: «Sie war keine Vestalin – eher eine Westfälin!» Wir denken an schwere, erdige Schuhe, Landwirtschaft, Dickschädel und deftige Würste und müssen lachen – schwer, das Bild der weihevollen Priesterin, die der Göttin der Dichtkunst huldigt, damit übereinzubringen. Und auf den priesterlichen Auftritten fußte doch schließlich ihre Selbstinszenierung in der Öffentlichkeit, extreme Kurzsichtigkeit hin oder her.

«Die Inszenierung hat sie beibehalten, weil sie damit Erfolg hatte», ist die Antwort. «Und Erfolg wollte sie unbedingt haben. Wie es ja auch sein muss!» Diesem Erfolgskonzept – und ebenso natürlich dem Bachmann'schen Hang zu einer konventionellen Ordnung der Lebensdinge – hätte eine Ehe mit Max Frisch noch einmal einen enormen Schub verliehen: So wie das Dichterpaar Celan-Bachmann in der Welt der Literatur einen spektakulären Auftritt gehabt hätte, wie das in seinen gemeinsamen Arbeitsvorhaben so überaus produktive Künstlerpaar Bachmann-Henze, so wäre auch das Ehepaar Bachmann-Frisch ein Coup in der internationalen Literaturszene gewesen: ein Traumpaar der Gegenwartsliteratur, Dichtung, Drama und Prosa vereint, die wichtigste weibliche Exponentin der deutschsprachigen Literatur der fünfziger und sechziger Jahre verbunden mit einem der erfolgreichsten männlichen Erzähler.

Hans Werner Henze kann das nicht so sehen. Unglücksmänner waren die Bachmann-Männer allesamt, Verbrecher und Verräter, angefangen von Henry Kissinger, den Ingeborg Bachmann 1955 in dessen Harvard Summer School kennengelernt hatte und mit dem sie bis zu ihrem Lebensende in Kontakt stand – eine in vieler Hinsicht rätselhafte Beziehung, über deren schiere Existenz hinaus nicht viel bekannt ist –, bis hin zu dem jungen Schriftsteller und Verleger Roberto Calasso in Bachmanns späten römischen Jahren. Die Krisen der Freundin, die von Schreibkrisen ausgingen oder dann darein mündeten, haben sie in seinen Augen nur noch verschärft. Doch könnte es auch sein, dass dem Komponisten für ein derart fatales Übergreifen des Beziehungslebens auf die künstlerische Produktivität grundsätzlich das Verständnis fehlt. Die Aufforderung «Arbeite, arbeite, arbeite!» zieht sich wie ein *basso continuo* durch seinen Briefwechsel mit der Freundin, und in einem Brief vom 18. April 1965 – die Arbeit am «Jungen Lord» liegt hinter ihnen, die ersten europäischen Premieren sind glanzvoll absolviert – konkretisiert Henze noch einmal radikal und erbarmungslos, wie sich für ihn das Verhältnis von privater Beziehung und künstlerischer Arbeit bestimmt: «... es gibt eine WOHNSTÄTTE DER SEELE», heißt es da, geschrieben auf einem Flug von Rom nach New York, «die von niemandem besetzt werden darf, und das ist die Arbeit, diejenige, die das Tageslicht weniger grauenerregend und die nächtliche Finsternis weniger schrecklich macht. In diesem sicheren Bewusstsein erfüllen wir den Willen der Götter. Und die Götter strafen uns, wenn wir uns nicht an das halten, was sie von uns verlangen. Sie schicken uns ihre Gnade mit Wucht, aber wehe, wenn wir sie nicht verstehen, annehmen, gehorchen. Jede menschliche Beziehung», schließt der Brief, «soll im Licht ihrer Nützlichkeit für die Arbeit betrachtet werden. Andernfalls sind wir verraten und verkauft …»[21]

Ingeborg Bachmanns Fragen am Ende des Gedichts «Erklär mir, Liebe» haben dagegen schon früh eine dem männlichen Kunstrigorismus entgegengesetzte Position angedeutet – im Verhältnis zu ihrer jeweiligen Arbeit manifestiert sich hier zwischen den beiden Künstlern ein weiterer Dissens, der aller konkreten Beziehungsproblematik weit vorgelagert ist. «Sollt ich die kurze schauerliche Zeit / nur mit Gedanken Umgang haben und allein / nichts Liebes kennen und nichts Liebes tun? / Muß einer denken? Wird er nicht vermisst?»[22], heißt es im Gedicht von 1956. Die zentralen Fragen sind damit gestellt. Ist das Werk alles? Gibt es kein Außerhalb, auf das der allein «Denkende» ebenfalls Anspruch hätte: in menschlichen Beziehungen, in denen er ein Gegenüber findet? Das ihn, zieht er sich zurück, «vermisst»? Hat nicht die Liebe neben dem Werk auch ihr Recht?

Nur dann, so wäre Henzes Brief zu lesen, wird der, der so fragt, nicht vermisst werden, wenn er seine Kunst nicht ausgeübt, seine Werke nicht geschaffen, wenn er der Nachwelt folglich nichts hinterlassen hat, was seine irdische Existenz übersteigt. Was, wie wir wissen, weder in Hans Werner Henzes noch in Ingeborg Bachmanns Fall zutrifft. Und auch er fühlt sich ja durchaus nicht nur aufgrund ihrer Werke bis heute derart nah mit der Dichterin verbunden.

10

Es ist inzwischen Mittag geworden. Aus dem Fenster schauend sehen wir, wie die Olivenzweige sich im leichten Herbstwind bewegen, morgen werden sie abgeerntet werden, und man wird peinlich genau darauf achten, dass das Öl sich nicht mit dem der päpstlichen Oliven vermischt, die, unweit von hier in Castel Gandolfo gewachsen, in derselben Ölmühle verarbeitet werden. Fausto, der seine unruhigen Gänge durch den Raum nur selten einmal unterbricht, um ebenfalls in den Garten hinauszuschauen, hat Ingeborg Bachmann in ihren letzten römischen Jahren ebenfalls gut gekannt. Er hat sie hier in der «Leprara» getroffen oder in ihrer römischen Wohnung in der Via Bocca di Leone, wo er ihr half, ihr Wohnzimmer neu einzurichten – ganz unverhofft werden wir, am Ende unserer Reise, selbst in diesen Möbeln Platz nehmen und erfahren, in welchem Ambiente sich Frau Bachmann unweit der Villa Borghese alltäglich bewegte: umbrische Bücherschränke, zum Bersten gefüllt (und für Gäste, deren begehrliche Blicke auf bestimmte Bücher fielen, immer wieder großzügig geplündert), dazu eine plüschig blaue Sitzgarnitur mit einem enormen Sofa, in dessen weicher Polsterung man schier versinkt.

Hier aber, im fürstlichen Ambiente seines Lebenspartners, zwischen den beiden Flügeln, den Sesseln und mächtigen Gemälden, möchte Fausto sich am Gespräch über Ingeborg Bachmann nicht beteiligen – «zu traurig» sei die Erinnerung, sagt er und setzt seinen Weg zwischen Wand und Fenster fort. Und wir denken daran, dass die *Grande*

Dame der Dichtkunst, die auch seine Freundin war, beileibe nicht nur zum Bocciaspielen hierherkam, dass sie hier nicht nur die Weihnachtstage mit Henzes Mutter und gemeinsamen Freunden verbrachte. Sie hielt sich ebenso in krisenhaften Phasen hier auf, von Hans Werner Henze gebeten, von allen Annehmlichkeiten des Hauses Gebrauch zu machen, vor allem aber: zu arbeiten, zu arbeiten, zu arbeiten. Wie er sich ärgerte und grämte, ja, wie es ihn empörte, wenn sie trotz aller äußeren Erleichterungen wieder nichts geschrieben hatte, sondern in ihrem Zimmer verharrte, nicht aß und überhaupt keinen Nutzen aus dem luxuriösen Angebot ziehen wollte, hat er in Peter Hamms zehn Jahre nach dem Tod Ingeborg Bachmanns entstandenem Fernsehfilm über die Freundin berichtet. Ihr gemeinsames «wunderschönes, reines Leben im Land der Begeisterten» nannte er «ein Fest», fügte jedoch auch dort gleich hinzu: «Ich wollte immer so gern, dass sie genauso fleißig ist wie ich.»[23] Geradezu mit Händen zu greifen scheint beim Thema Arbeit das tiefe Unverständnis, mit dem Hans Werner Henze dem qualvollen Nichtschreiben seiner bewunderten Gefährtin zusah.

Nun, beim Essen, das wir zu viert im Speisezimmer einnehmen, umsorgt von einem jungen Ehepaar, das noch zu Zeiten des sozialistischen Regimes vom Balkan ins reiche Italien floh und bei Fausto und Henze Unterkommen und Arbeit fand, nun also erzählt der Komponist animiert, wie «die Ingeborg» in ihrem Essen zu stochern pflegte, kochen konnte sie auch nicht (gleich fällt uns ein, wie das weibliche Ich im «Malina»-Roman in komischer Verzweiflung Kochbücher zu wälzen beginnt, weil dessen

Geliebter bekocht zu werden wünscht, und zu welch kuriosen Speisefolgen die hilflose Köchin schließlich findet). Aber wer hat dann fürs Essen gesorgt, während die Kunstkönigskinder erst auf Ischia, dann in Neapel zusammenlebten? «Der Hans hat gekocht!», sagt Hans Werner Henze triumphierend. «Aber sie hat dann trotzdem nur gestochert ... Und geraucht: 60 Gitanes am Tag, ganz enorm!» Er lacht. Und setzt nach einer winzigen Pause hinzu: «Enorm ungesund natürlich.»

Ihre gemeinsame Zeit auf Ischia ist festgehalten in Ingeborg Bachmanns 1954 zuerst veröffentlichtem Gedichtzyklus «Lieder von einer Insel»[24], aus dem Hans Werner Henze zehn Jahre später einzelne Gesänge vertonen wird – die Anrufung «Einmal muss das Fest ja kommen!» gehört auch dazu. Und wie in nahezu allen Texten Ingeborg Bachmanns gibt es auch für dieses Prozessionslied mit seinen sinnlich-heidnischen Einsprengseln einen konkreten biografischen Hintergrund. Die Briefe aus dem Sommer 1953 zeugen davon, wenn Hans Werner Henze der zu diesem Zeitpunkt noch höflich gesiezten Freundin die Überfahrt mit dem «kleine(n) Boot Ondine»[25] empfiehlt und den Weg ins unweit des Inselstädtchens Forio gelegene Dorf San Francesco beschreibt, wo die beiden dann an ihrem ersten gemeinsamen Abend, auf dem Flachdach von Henzes *Casa* stehend, die festlichen Vorkehrungen zu Ehren des Heiligen Veit beobachten.

«Auf den Nachbardächern standen die Leute und bestaunten die mondbeschienene Nacht. Nun brach eins von diesen neapolitanischen Feuerwerken los, bei denen man gar nicht mehr aus dem Staunen herauskommt», beschrieb Hans Werner Henze diesen festlichen Beginn ihrer Freundschaft. Die Vermieterin Lucia erklärte den Zugereisten, dass das Fest zu Ehren des San Vito drei volle Tage dauere, «und als Ingeborg sich Sorgen machte, dass womöglich diese Feuerwerke für die Gemeindemitglieder eine zu arge pekuniäre Belastung darstellen könnten, rief sie aus: ‹Aber nein! Einmal muss das Fest ja doch kommen!›»[26] – ein Satz, der nicht nur zur Titelzeile eines Gedichts wurde. Vielmehr scheint er damals, im Sommer 1953, alle Erwartungen in sich gebündelt zu haben, die die Dichterin mit der Ankunft in ihrem «erstgeborenen Land» verband: Ein Fest sollte das Leben mit den jeweiligen Gefährten und Liebhabern sein, nicht minder aber das Schreiben selbst und die Ehren schließlich, die daraus noch resultieren würden – und ein Fest also nicht zuletzt auch der Umgang mit den Berühmten und Mächtigen ihrer Zeit. Ein Leben, ganz so wie das Feuerwerk, das sie an ihrem ersten Abend auf Ischia mit Hans Werner Henze sah, und sie selbst dessen Mittelpunkt: die Diva, die Königin.

Doch es ist anders gekommen. Fraglos war sie die *Diva assoluta* der Dichtkunst ihrer Tage, intellektuell wie literarisch in ihren Vorhaben den meisten ihrer Zeitgenossen und -genossinnen weit voraus, an glamourösem Auftreten und hypnotischer Wirkung beim Publikum sowieso. Auch das selbstverständliche Beisammensein mit den Großen und Einflussreichen – mit Künstlern wie Luchino Visconti, Patriziersöhnen und Verlegern wie Giangiacomo Feltrinelli, Philosophen wie Theodor W. Adorno, Politikern wie Willy Brandt oder Henry Kissinger –, es hat stattgefunden. Noblesse und Eleganz traten hinzu als ein schon bald selbstverständlich erscheinendes Element dieses Daseins. Doch was der Freund wegsortieren, unterordnen, im Werk sublimieren konnte, all das Kummervolle und Beschwerliche des Privaten, durchkreuzte immer wieder das spektakuläre Lebensprogramm. Und es war ja auch nur halb wahr, halb richtig: Die Schriftstellerin, die lange Wochen eines Jahres bei ihrer Familie im Kärntnerischen Klagenfurt, im Häuschen des Lehrers Matthias Bachmann in der Henselstraße 26 verbrachte, die das Grenzstädtchen der engsinnigen Fremdenfeinde verachtete, es vor ihren Freunden schmähte und doch immer wieder dorthin zurückkehrte – sie hatte offenbar vergessen oder nicht wahrhaben wollen, dass es da auch ein Bedürfnis nach Enge, Nähe, Übersichtlichkeit: kurz, nach einem Leben gab, das neben all dem Glanz in ganz gewöhnlichen Bahnen sich bewegte und gerade in seiner Gewöhnlichkeit Halt versprach, einhegend und stützend zugleich. Sie hatte es zurückgelassen, als sie ihre Heimatstadt 1946 verließ, um die literarische Welt zu erobern; und sie war es nicht losgeworden, das innere Klagenfurt. Es brachte sich aber in Erinnerung.

11

Die Stunde des Pan ist vorüber. Wir sitzen noch einmal, in die Sessel zurückgelehnt, in der wärmenden Sonne dieses frühen Nachmittags, der Hund hat sich zu unseren Füßen zusammengerollt. «Die Inge», sagt der Komponist da, «die Inge mit ihrer hohen dünnen Stimme: Sie könnte jetzt zur Tür hereinkommen.» – Und wie wäre das? – «Schön wäre es.» Hans Werner Henze hat recht, es könnte durchaus sein: Achtzig Jahre alt ist schließlich auch er und arbeitet immer noch jeden Tag, reist, wird geehrt, besucht, befragt. Und doch kann es eben nicht sein, über die Gründe, einige von ihnen wenigstens, sprachen wir. Und da beginnt er zu singen, lachend, verschmitzt, aus dem Augenwinkel zu seiner Besucherin herüberblinzelnd: «Die Männer sind alle Verbrecher, ihr Herz ...» Wie geht es weiter? Wir versuchen es gemeinsam. «Ihr Herz ist ...» Ja, was ist es? «Ihr Herz ist ein finsteres Loch», hilft der junge Regisseur nach, der so lange geschwiegen hat. «Aber lieb», singen wir, «aber lieb sind sie doch!» Das fand die Ingeborg aber am Ende wohl nicht mehr. «Nein», sagt Hans Werner Henze, «das konnte sie nicht finden.»

Diese Antwort schließt auch ihn selbst mit ein, den Lebensfreund und «kleinen Bruder», er weiß es, aber darüber sprachen wir nicht. Während später der klapprige Zug seinen Weg durch die Campagna zurück nimmt, langsam und rumpelnd, tauchen Sätze wieder auf, die Inge von Weidenbaum am Vortag gesagt hat – eifersüchtig belauern die einstigen Freunde Bachmanns einander immer noch, so wie ihre Freundin sie im Leben voneinander getrennt gehalten hat, so getrennt voneinander, auf Mutmaßungen, Projektionen und halbe Sätze gestützt, sind sie zurückgeblieben. Einen «Renaissancefürsten» habe «die Ingeborg» den Komponisten auf seinem Landgut ironisch genannt und habe ihm in den späten sechziger und frühen siebziger Jahren sein ostentativ linkes politisches Engagement nicht abgenommen, an dem die Beziehung schließlich zu Fall gekommen sei. Und tatsächlich wissen wir ja, dass nach Bachmanns pechschwarzer Lebenszwischenstation in Berlin, jener Zäsur nach dem Ende ihres Lebens mit Max Frisch und vor ihrer letzten, endgültigen Rückkehr nach Rom, die tragenden Balken im geschwisterlichen Liebesverhältnis der Dichterin und des Komponisten zu wanken begonnen hatten.

In einem gesundheitlich desolaten, gefährdeten Zustand, zwischen Entziehungskuren und physischen Aufbauprogrammen, hatte sie die Arbeit am «Todesarten»-Komplex aufgenommen, hatte sich jedoch weiterhin an Aktionen der Gruppe 47 beteiligt und Erklärungen gegen den Vietnamkrieg wie gegen die Verjährung von NS-Verbrechen unterzeichnet. Schließlich schaltete sie sich gemeinsam mit etlichen anderen namhaften Künstlern und Intellektuellen in den Wahlkampf Willy Brandts im Herbst 1965 ein – und es war hier niemand anderer als der «kleine Bruder» Henze, den sie dafür gewann, auf dem SPD-Parteitag in Bamberg eine flammende Rede für den politischen Wechsel zu halten. Zusammen mit ihm schliff sie noch am Vorabend an dem Vortragstext, und schon aus ihrem Sommerurlaub hatte sie ihm eine kleine Ermunterung zur Radikalität mit auf den Weg gegeben: «Geh übrigens ruhig ein paar Meter über die Sozialdemokratie hinaus», schrieb sie ihm am 13. August 1965, «das schadet diesen Schüchterlingen gar nicht.»[27]

Je tiefer sie aber in die Auseinandersetzungen mit dem «Todesarten»-Material eintauchte, umso weiter entfernte sie sich zugleich vom konkreten politischen Engagement – und damit nicht zuletzt auch von Hans Werner Henze, der sich in den folgenden Jahren erst für die radikalen (und teils radikal kunstfeindlichen) Ziele der Studentenbewegung stark machen und schließlich den Sozialismus kubanischer Machart für sich entdecken sollte. Ist es denn wahr, dass Bachmanns früherer Herzensmensch – wie Inge von Weidenbaum tags zuvor berichtete – den «Malina»-Roman der Freundin, ohne ihn noch gelesen zu haben, rundheraus für «Scheiße» erklärt und rühmend die Taten Andreas Baaders dagegen aufgeführt hatte, bis er schließlich am 26. März 1971, nach schließlich dann doch vollzogener Lektüre des Buches, das höchste Lob spendete, das der Komponist und die Autorin zu vergeben hatten? «REICHTUM GROESSE TRAURIGKEIT VERZWEIFLUNG DIESER DEINER ERSTEN SINFONIE WELCHE DIE ELFTE VON MAHLER IST»[28], hatte Henze seiner einstigen Lebensgefährtin telegrafiert und damit zugleich ausgedrückt, dass mit der Entstehung und Publikation des Romans schier Unmögliches vor sich gegangen war: Die elfte Sinfonie Gustav Mahlers war diejenige gewesen, die der von beiden gleichermaßen verehrte Komponist nicht mehr hatte vollenden können.

Allein die stark verzögerte Reaktion auf den Roman jedenfalls zeigte an, wie weit sich die über lange Zeit in politischen wie künstlerischen Auffassungen unbedingt Verbündeten schließlich auch auf diesen für beide zentralen Feldern voneinander entfernt hatten. Während Hans Werner Henze seine Kunst politisierte und etwa mit dem «Floß der Medusa» ein revolutionäres Oratorium schuf, trat Bachmann bewusst in einen immer größeren Abstand zur aktuellen Politik und Geschichte. Als ihr im Mai 1972 in Wien in einer repräsentativen Zeremonie der Anton-Wildgans-Preis überreicht wurde – auch die Aufzeichnung der Feierlichkeit fürs Fernsehen gehörte zu diesem Akt –, formulierte sie die Gründe für ihre politische Abstinenz explizit und für ihre Verhältnisse ungewohnt offensiv. «Sie erwarten», sagte sie in ihrer Dankesrede, «dass, wenn schon nicht vom Höheren die Rede ist, zumindest eine Äußerung kommt zu diesen, wie ich höre, so brennenden Aktualitäten. (...) Die brennenden Aktualitäten aber, die man sich für Schriftsteller allerorts ausdenkt und die mich nicht erhitzen, sehen so aus. Sie bekommen mindestens dreimal in der Woche Briefe, Sie sollen sofort, Sie müssen sofort, bis zum 15., bis zum 23., und auch nur wenige Seiten – man bedenke, nur wenige Seiten! sich äußern zu etwas, Sie sollen sagen, warum Sie schreiben, und was denken Sie über den Schriftsteller in dieser Zeit, und der Schriftsteller und die Gesellschaft, er und die Verhältnisse, und er und die Massenmedien, und ob Sie glauben, ob Sie meinen, daß, und ob Sie vielleicht nur für sich selber schreiben, oder um die Welt zu verändern. Reisen Sie sofort, nach London, nach Moskau, nach New York, weil dort offenbar etwas Gewichtiges Ihrer Entscheidung harrt – es ist mir nur noch nicht aufgefallen, daß ich oder andere etwas beitragen konnten zu diesen großen Entscheidungen, mit Unterschriften für, mit Unterschriften gegen, und wenn es zufällig aussieht, als hätte auch ich meinen Teil getan, nach bestem Wissen und Gewissen, so weiß ich doch, dass ich nichts bewirkt habe auf diese Weise, ich habe noch keinen Krieg beenden können, denn Schriftsteller verfügen über keine Macht, keinen Einfluß (...) – Meinungen hat jeder», heißt es dann in der Schlusspassage, «die eines Schriftstellers sind belanglos, und was nicht in seinen Büchern steht, existiert nicht»[29].

Diese Rede, mochte sie ihm nun zu Ohren gekommen sein oder nicht, richtete sich als Absage auch an den «kleinen Bruder» – deutlicher ließ sich nicht ausdrücken, was eine politisch engagierte Kunst (sowie den mit politischen Statements öffentlich agierenden Künstler) von derjenigen trennte, die Bachmann einen «Zwang, eine Obsession, eine Verdammnis, eine Strafe» nannte.[30] Nach einer fast zwanzig Jahre währenden Freundschaft, in der sie nicht nur zusammengelebt, sondern auch an gemeinsamen Werken gearbeitet hatten, in persönlichen Belangen dabei immer wieder füreinander einstehend, erreichte ihre disparate Entwicklung nun das Herzstück ihrer ursprünglichen Beziehung. Dass Ingeborg Bachmann und Hans Werner Henze das Verhältnis von künstlerischer Arbeit und Liebesbeziehung unterschiedlich bewerteten, hatte sich früh gezeigt; später, im Zusammenleben, war zudem unübersehbar geworden, dass auch ihre Liebe füreinander mit den gegensätzlichen sexuellen Präferenzen beider auf eine lebbare Weise nicht zu verbinden war. Das Ende aber lag schließlich darin beschlossen, dass beide inzwischen auch ihre Kunst mit entgegengesetzten Zielen besetzten – wo Henze die Welt verändern wollte, setzte Bachmann ihre künstlerische Existenz auf die «kryptokristallinische» Mitteilung an ein «Du».[31]

Was danach blieb, war eine alltägliche Freundschaft auf der Basis tiefer Vertrautheit, und irgendwo darin mochte auch die alte Liebe noch aufbewahrt sein, nun aber eingekapselt, von beiden Seiten. Hans Werner Henzes Traumszene aus dem *Caffè Greco*, in der er die frühere Freundin am Nebentisch sitzen sah – «mit Fremden, stumm, wie eine Fremde, schien mich nicht zu kennen»[32] –, schließt sich danach nun wie von selbst auf: Zuböserletzt waren sie füreinander tatsächlich Fremde geworden, «die Inge» und ihr Hans.

12

Am späten Abend machen wir uns noch einmal auf in die Via Bocca di Leone, jenen «Löwenrachen» in der alten Mitte Roms, unweit der Spanischen Treppe, in dem die Schriftstellerin sich Ende der sechziger Jahre nach ihrem Umzug von Berlin als «Castellbaumeisterin» sah, die ihre «Casa» gegen den feindlichen Ansturm der Welt befestigte. In einem Brief an den Freund Uwe Johnson vom Sommer 1966 heißt es: «Aber ich bau starrköpfig an dieser Wohnung. Hätt ich früher gelebt, so wäre ich mit Befestigungsarbeiten an einem Castell beschäftigt» – es folgt noch eine selbst geschriebene Melodie auf die Worte «Vi-a Boc-ca di Le–o–ne»[33]. In dieser Wohnung entstand der einzige zu Bachmanns Lebzeiten veröffentlichte Roman aus dem «Todesarten»-Komplex, «Malina», hier wurden die letzten Erzählungen geschrieben, die ein Jahr vor ihrem Tod unter dem Titel «Simultan» erschienen und eigentlich bezeichnenderweise «Wienerinnen» hätten heißen sollen – hier nämlich hielt sich Ingeborg Bachmann schreibend immer nur in Wien auf, während die *Italianità* ihre Casa umtoste.

Heute ist die Gegend von Nobelboutiquen besetzt und nur noch Fußgängern zugänglich. Die Ugos und Domenicos der früheren Jahre mit ihren Krimis, Hunden und Italowestern könnten sich eine Wohnung hier gewiss nicht mehr leisten und eine Dichterin der Gegenwart vermutlich ebenso wenig. Weder findet sich hier noch eine Bar, in die sich die lärmgeplagte Autorin nach dem Geräuschanprall unter Kopfschmerzen flüchtete, noch ist das von Bachmann beklagte (ausgerechnet!) Wiener Bierlokal im Haus mit der Nummer 60 zu entdecken, das ihr das Leben mit der Ausdünstung penetranter Essensgerüche verleidete – unbezahlbar wäre die Miete im *Centro storico* heutzutage eben auch für solch simple Angebote früheren Alltagslebens. Am 18. Dezember des Jahres 2000 aber hat die Stadt Rom, immerhin, an der in gepflegtem Rotbraun getünchten Fassade eine Marmortafel angebracht, von der wir nun neben einem italienischen Zitat aus «Was ich in Rom sah und hörte» ablesen können, dass hier von 1966 bis 1971 «La Poetessa e Scrittrice Austriaca Ingeborg Bachmann» lebte und arbeitete.

Wie viele der zahlungskräftigen Kunden von Gucci, Wempe und Yamamoto, fragen wir uns, werden die dezente Tafel bemerken, wie viele weniger von ihnen mit dem Namen überhaupt eine Vorstellung verbinden? Es soll uns egal sein. Wir dächten nur, dass eine andere Person, die ebenfalls einmal in diesem Haus lebte, hier ebenso ein Memento verdient hätte: Maria Teofili, die frühere Hausmeisterin der Via Bocca di Leone Nr. 60 und, wie alle bestätigen, die Ingeborg Bachmann gekannt haben, der einzige ihr tatsächlich nahe Mensch in der letzten römischen Zeit. «Diese Frau war wirklich ihr Schutzengel», hat Inge von Weidenbaum gesagt, «Maria war wohl die Einzige, vor der sie sich nicht verborgen hat, ein Mensch von unglaublichem Taktgefühl und Gespür, mit einer zwar ungeschulten, aber immer präsenten Intelligenz.»

Maria Teofili war es auch, die die Autorin in jener Septembernacht aus ihrer Wohnung in der Via Giulia anrief, nachdem sie bei lebendigem Leibe fast verbrannt war; die Hausmeisterin brachte sie ins Ospedale Sant' Eugenio. Da sie die Personaldokumente Bachmanns in der Aufregung nicht hatte finden können, nahm sie den Roman «Malina» mit – mithilfe des Buches, das einen «Mord» an einer Schriftstellerin über alle Stadien der Selbst- und Weltentfremdung nachvollzieht, meldete sie dessen Autorin im Krankenhaus als Patientin an. Maria Teofili war damit der letzte befreundete Mensch, den Ingeborg Bachmann sah. Die hochmögenden Freunde zu verständigen, auf die es der Autorin so lange angekommen war, es wäre ihr offenkundig nicht eingefallen. Diese aber reisten an, sobald sie die Nachricht vom Unfall erhielten – «aus Wien, Paris, St. Moritz, Mailand»[34], wie Hans Werner Henze berichtet. Henry Kissinger holte angeblich täglich Auskunft über den Zustand der mit Verbrennungen von vierzig Prozent ihrer Körperoberfläche Schwerverletzten ein, und als es dem Komponisten eines Abends schließlich doch gelang, gemeinsam mit Fausto durch eine Nachtschwester Zutritt zum Krankenzimmer zu erhalten, war er «auf einmal mit dem Anblick der Vernichtung konfrontiert, dem ganzen Ausmaß der Katastrophe» – «laut schreiend und in unbeschreiblicher Verzweiflung»[35] floh er den Schauplatz.

Ingeborg Bachmann starb am 17. Oktober 1973, nach drei Wochen unter dem Sauerstoffzelt, im Ospedale Sant' Eugenio. Trotz der Eindeutigkeit der verheerenden Verbrennungen rankten sich um die tiefer liegende Ursache

ihres Todes zahlreiche Gerüchte, zusammen mit Freunden strengte Hans Werner Henze vor einem römischen Gericht sogar eine Klage gegen Unbekannt an. «Niemand», schreibt er in seinen Lebenserinnerungen, «hatte daran gedacht, dass es notwendig hätte sein können, die Ärzte auf die Medikamentenhörigkeit der Patientin aufmerksam zu machen, und manche denken heute, dass es vielleicht Ausfallerscheinungen gewesen sind, die den Untergang beschleunigt haben. Aber es wusste ja auch niemand, wie die Medikamente hießen und was sie bewirkten.»[36] Tatsächlich niemand? Mindestens diejenigen, die sie verschrieben hatten, mussten gewusst haben, um welche Arzneien es sich handelte, und dass bei einem überraschenden Unglücksfall wie von Zauberhand sogleich auch alle Tablettenschachteln mitsamt Beipackzetteln und Inhalt verschwunden waren, lässt sich schwerlich glauben. Dass nach dem Tod letztlich keiner ein Interesse daran hatte, die Geschichte der Medikamentenabhängigkeit Ingeborg Bachmanns aufzurollen, leuchtet dagegen ein. Alle ihr Näherstehenden hatten irgendetwas gesehen, gewusst, zumindest geahnt. Aber keiner hatte offenbar nachgefragt.

«In den letzten zehn Jahren hatte sie ein Leben geführt, von dem ich überhaupt nichts weiß», bekannte der Lebensfreund, mit dem zusammen die Dichterin einst ihr «erstgeborenes Land» für sich entdeckt hatte, im Dokumentarfilm anlässlich ihres zehnten Todestags. «Seither hat mein Leben eine Komponente von Grauen und Schrecken, die es darin vorher nicht gegeben hat.»[37]

13

Ciampino bleibt unter uns zurück, bald ist Rom nur noch ein fernes Leuchten. Von der kleinen Wohnung in der Via di Ripetta, dem ersten römischen Quartier Ingeborg Bachmanns in den frühen fünfziger Jahren, über die Wohnung in der Via de Notaris ganz am anderen Ende der Villa Borghese und fern dem Tiber, wo sie Anfang der Sechziger mit Max Frisch gewohnt und weder das römische noch das Paar-Dasein gut überstanden hatte, bis hin zur Via Bocca di Leone und endlich der hermetischen letzten Station in der Via Giulia kann man in dieser Stadt den Stern der Autorin aufgehen, hoch und hell strahlen und wieder verlöschen sehen – eine Geschichte letztlich auch der unheimlichen Art, weil sie in Ingeborg Bachmanns Literatur selbst schon früh gerade so vorgezeichnet schien.

Vivere ardendo e non sentire il male, «glühend leben und den Schmerz nicht fühlen», lautete in den fünfziger Jahren bereits das Motto, das in ihrem Werk hernach wieder und wieder Verwendung fand: «Ich seh den Salamander / durch jedes Feuer gehen / Kein Schauer jagt ihn, und es schmerzt ihn nichts.»[38] Im Gedicht von 1956 schien das poetische «Genie», wie Hans Werner Henze die Dichterin im Gespräch beschwörend genannt hatte, sein eigenes Schicksal schon vorweggenommen, schien es sich selbst gleichsam vorgeschrieben zu haben – ganz dem tradierten Kult um die dichterische Sehergabe verpflichtet, mitsamt dem dramatisch hohen Preis, der dafür zu zahlen sein würde: Eine Vestalin, keineswegs die bodenständige «Westfälin», sehen wir hier am Werk.

Während wir aber jetzt in die dunkleren Sphären der Luft gelangen, vom Flugzeug aus nicht einmal Nachtwolken mehr, geschweige denn noch Lichtzeichen zu erkennen sind, kommt uns solche Erfüllung eines literarisch vorweggenommenen Lebenslaufs wie eine kitschbeladene Fantasiefigur vor. Diese nicht nur auf- und ausgeschrieben, sondern im vollen Ernst auch selbst bis ans Ende gelebt zu haben, trauen wir der Intellektuellen Ingeborg Bachmann nicht zu. Allein die Hoffnung auf ein Leben als Fest, mit allem nachgerade filmischen Glamour, der für eine Römerin der fünfziger und sechziger Jahre dazugehörte, scheint ebenso dagegen zu sprechen wie all die nachweislich bis zum Lebensende reichenden Anstrengungen, sich trotz der gravierenden körperlichen Begleiterscheinungen ihrer Sucht am Leben zu erhalten und wenigstens die physische Kraft wiederzugewinnen: Der Brandunfall geschah just am Vorabend des Tages, an dem Ingeborg Bachmann sich in Begleitung von Christine Koschel in eine erneute Entziehungskur begeben wollte.

Doch lässt sich der Widerspruch zwischen einer selbst auferlegten poetischen Prophezeiung und den dieser widerstreitenden Handlungen im realen Leben möglicherweise gar nicht auflösen. Nicht unwahrscheinlich vielmehr, dass wir hier auf einen weiteren Zwiespalt innerhalb einer innerlich tief zerrissenen Persönlichkeit stoßen. Nach einem Kampf der Bilder nämlich – einem Kampf zwischen Tradition und Moderne, einem Kampf aber auch zwischen intellektueller Einsicht und einem in unterschiedliche Richtungen strebenden Gefühl – sieht hier alles aus. Da ist die literarische Diva, die zugleich von einem bürgerlichen Dasein mit Ehemann und Kindern träumt und sich, wiederum zur selben Zeit, in ihren Gedichten zu einem opernhaft glanzvollen Leben ein wiederum der Oper angemessenes schauriges Finale erfindet – und jenseits der Bühne an der Wiederherstellung ihrer körperlichen Kräfte arbeitet.

Wohin mit dem kreuz und quer überschießenden Gefühl, wenn es nicht um die Jahrhundertsängerin Maria Callas auf der Bühne in «La Traviata», sondern um die Schriftstellerin Ingeborg Bachmann im realen Rom (Wien, Berlin, Zürich oder auch Klagenfurt) ging? Auf diese Frage spitzt sich die Kettengeschichte am Ende zu. In ihrem Roman «Malina» hatte Ingeborg Bachmann genau dies Dilemma, in immer wieder variierten Vorstellungen von der inneren Spaltung eines weiblichen Ich, zuletzt zum Thema gemacht. Natürlich in der Fiktion, während in der Wirklichkeit die Bilder im Kopf einander weiter bekriegten.

II Paris – Zürich – Berlin

1 Paris

«Die Rosenlast stürzt lautlos von den Wänden,
und durch den Teppich scheinen Grund und Boden.
Das Lichtherz bricht der Lampe.
Dunkel. Schritte.
Der Riegel hat sich vor den Tod geschoben.»[39]

«Hotel de la Paix» heißt dieses Gedicht, das zuerst im Frühjahr 1957 im Norddeutschen Rundfunk zu hören und in der römischen Zeitschrift «Botteghe Oscure» zu lesen war, und es notiert mit wenigen poetischen Strichen eine konkrete Situation aus dem Alltagsleben, genauer: aus dem Hotel-Leben Ingeborg Bachmanns. Der Name des Hotels, in dem die Szene spielt, steht schon im Titel, und in dessen Innerem erkennen wir eine sich von der Wand ablösende Tapete mit Rosenmuster sowie den durchgewetzten Teppich eines Zimmers, in dem sich plötzlich Dunkelheit ausgebreitet hat: Die Glühbirne in der Lampe ist erloschen. Doch wirkt das Ambiente hier nicht nur ärmlich und verkommen, es atmet überdies das Unheimliche eines Kriminaldramas – «Schritte» sind im «Dunkel» zu hören, und jemand hat sich offenbar gerade noch aus höchster Gefahr gerettet: «Der Riegel hat sich vor den Tod geschoben.»

Es sind die letzten beiden Monate des Jahres 1956, in denen das Gedicht «Hotel de la Paix» entsteht, und die kleine Gruppe poetischer Texte, zu der es gehört, kreist in verschiedener Einkleidung immer wieder um dieselben Themen: Einsamkeit, Bedrohung und Tod. Das «Exil»[40] ruft die Dichterin auf oder auch die «Sintflut»[41], überhaupt spielen biblische Bilder und Namen hier eine zentrale Rolle. Und all dies ist nicht erstaunlich. Ingeborg Bachmann befindet sich, als das Gedicht entsteht, in Paris, und Paris ist für sie die Stadt Paul Celans – und damit auch der Schauplatz eines gescheiterten Beziehungsentwurfs.

Im Mai 1948 hatte die Studentin und junge Autorin Ingeborg Bachmann den sechs Jahre älteren, soeben aus dem Nachkriegs-Rumänien geflohenen Dichter an ihrem Studienort Wien kennengelernt, und im Laufe nur weniger Tage hatte sich zwischen beiden eine intensive, von Anfang an aber auch hoch komplizierte Liebesgeschichte entsponnen. Als Paul Celan Wien dann Ende Juni mit dem Ziel Paris wieder verließ, schienen die Schwierigkeiten, die sich während des einen Monats zwischen beiden aufgetan hatten, mindestens ebenso mächtig wie ihre Anziehung füreinander – ein unauflösbarer Widerstreit zwischen Anziehung und Abstoßung, der das Liebesverhältnis bis zu Celans Selbstmord im April 1970 prägen sollte.

Diese komplexe Beziehung der beiden Schriftsteller aber wird in den Jahren nach 1948 auch zum Gegenstand, ja zum eigentlichen emotionalen Antrieb eines wesentlichen Teils ihrer Lyrik. Wie später Ingeborg Bachmanns

Beziehungen mit ihrem Mentor Hans Weigel wie mit dem Lebensgefährten Max Frisch in der Roman-Kommunikation aller drei Autoren ihren Ausdruck findet, ist die Literatur auch für Paul Celan und Bachmann ein wesentlicher Teil ihrer Beziehungsarbeit. Beider Gedichte sind der Versuch, sich dem anderen verständlich zu machen, sich in der Gedanken- und Bilderwelt des anderen zu spiegeln. Zwischen beiden Dichtern, die insgesamt nicht mehr als einige Monate ihrer Lebenszeit miteinander verbracht haben, ist diese literarische Kommunikation von höchster persönlicher Wichtigkeit. Gewichtig sind deren Folgen jedoch auch für die zeitgenössische Literatur: In den fünfziger Jahren gelten beide Lyriker als diejenigen deutschsprachigen Autoren, die ihr Schreiben am radikalsten und konsequentesten aus der Erfahrung des Holocaust herleiten – ein Faktum, das sie literarisch aufs Engste miteinander verbindet. Als Liebespaar aber wird sie gerade diese Erfahrung, wie sich alsbald zeigt, entzweien. Ihre individuellen Voraussetzungen und Motive, die sie den Massenmord an den Juden zu einem Lebensthema machen lassen, sind einander diametral entgegengesetzt.

Dass beide die Gedichte des jeweils anderen tatsächlich kurz nach der Entstehung lasen, scheint alles andere als sicher. Dennoch wirkt ihre poetische Kommunikation in den Jahren des Getrenntseins zwischen 1950 und 1957 dicht und direkt. Wie Nachrichten in einer Flaschenpost ließen die Gedichte sich vom Adressaten dabei konkret entschlüsseln und mögen in ihrer poetischen Verknappung zugleich sprechender gewirkt haben, als explizite Äußerungen es vermocht hätten. Solange Bachmann mit

Celan im inneren Kontakt stand, vergegenständlichte sich so – selbst über den zweimaligen Bruch der Beziehung hinaus – der eine in den Werken des anderen.

Nach Celans Tod setzte Ingeborg Bachmann dem früheren Geliebten schließlich ein berührendes Denkmal in ihrer Prosa. Obwohl zum Zeitpunkt seines Selbstmordes seit Längerem aller Austausch zwischen ihnen erloschen war, fügt sie nach der Todesnachricht im Jahr 1970 eigens für ihn, zu seinem Gedächtnis, in die bereits vorliegende Reinschrift ihres «Malina»-Manuskripts das märchenhafte Kapitel «Die Geheimnisse der Prinzessin von Kagran» ein – in der Figur des Fremden im schwarzen Mantel, mit seiner singenden Sprache, ist das Bildnis Paul Celans unschwer auszumachen. Auch in Bachmanns Märchenerzählung kommt der Mann ums Leben, doch wird sein Tod hier nun symbolischer unmissverständlich mit dem Holocaust verbunden. «Mein Leben ist zu Ende», heißt das Resümee am Schluss der Geschichte der «Prinzessin von Kagran», «denn er ist auf dem Transport im Fluß ertrunken, er war mein Leben. Ich habe ihn mehr geliebt als mein Leben.»[42] Auch mit dem «Malina»-Roman ist die literarische Beziehung von Ingeborg Bachmann und Paul Celan freilich noch nicht beendet. Bis in die letzte zu ihren Lebzeiten veröffentlichte Erzählung «Drei Wege zum See» hinein manifestiert sich der frühere Geliebte in der literarischen Reinkarnation eines Todgeweihten, der aus seiner Zeit und allen menschlichen Bezügen herausgefallen ist – der Entschwundene, mehr und mehr ein Traumbild, lässt die Autorin in ihren Vorstellungen nicht los, er ist in ihrer Prosa zum Wiedergänger geworden.

Als lebensentscheidend, über alles geliebt und zugleich Verursacher unheilbaren Beziehungsunglücks, erscheint der «Fremde» in Ingeborg Bachmanns Literatur. Der Schauplatz all dieser fatalen Verquickungen und Auflösungen aber heißt Paris. Hier hatte zwischen Oktober und Dezember des Jahres 1950 auch das reale Paar Ingeborg Bachmann und Paul Celan einen ernsthaften Versuch unternommen, zusammenzuleben; das Vorhaben scheiterte, ein nochmaliger kurzer Aufenthalt Bachmanns im Februar des darauf folgenden Jahres konnte daran nichts bessern. Als dann im Winter 1956 in Paris das Gedicht «Hotel de la Paix» entsteht, weiß Paul Celan nicht einmal, dass seine frühere Geliebte in der Stadt ist. Seit ihrer gemeinsamen Teilnahme am Treffen der Gruppe 47 im Mai 1952, auf dem Ingeborg Bachmann brillierte, Paul Celans Gedichte aber von den deutschen Schriftstellern und Kritikern mit einer im Grundton antisemitischen Häme verlacht wurden, ist ihre Beziehung vereist. Nun sitzt die Dichterin im schäbigen Hotel in der Rue Blainville ohne Kontakt zum frühen Gefährten. Aber sie nimmt den Kontakt wieder auf – in den Gedichten, die hier entstehen.

Heute gibt es das «Hotel de la Paix» nicht mehr. Zwar existieren in Paris zahlreiche Hotels dieses Namens, eines davon liegt gar nicht so weit von der Rue Blainville entfernt in Montparnasse, doch ist es zweifelsfrei nicht das, wonach wir suchen. Bachmanns Hotel lag im Quartier Latin, Rue Blainville Nummer 6, in einem Dreieck zwischen der Sorbonne, dem Panthéon und der Rue Mouffetard, in der einst Ernest Hemingway gewohnt hatte. In den fünfziger Jahren war diese Gegend das Terrain der Existenzialisten und der Jazzclubs gewesen, hier wurde diskutiert, wie die europäische Kultur nach dem noch nicht lange zurückliegenden Krieg aussehen sollte, und hier, im Künstler- und Studentenviertel, wurde sie auch gemacht. Heute ist von solchem Aufbruch nichts mehr zu spüren, aus dem Quartier ist ein gepflegtes, belebtes Wohnviertel geworden, und wir irren im Gewirr der schmalen, kreuz und quer zueinander verlaufenden Sträßchen umher, müssen immer wieder fragen und um immer noch eine Ecke biegen, bis wir endlich von einer freundlichen Anwohnerin, die gerade mit ihrem Jaguar zum Souper aufbrechen will, in die richtige Richtung gewiesen werden. Die Rue Blainville ist eine handtuchschmale Gasse, und dort, wo sie schon fast auf die Rue Mouffetard stößt, liegt linker Hand das Haus mit der Nummer 6.

Fünf Stockwerke hat es, alle in frischem Weiß gestrichen, mit kleinen Balkons vor Fenstern, die bis zum Boden reichen, Geranien blühen in Töpfen oder Kästen an den niederen Balkongittern, durch das Geländer des Dachgartens schauen die Zweige von Grünpflanzen, und die hohe braune Holztür mit dem schmiedeeisernen Schmuck vor dem Glas dürfte diejenige gewesen sein, durch die Ingeborg Bachmann damals das Hotel betrat. Gehörte auch ein Restaurant dazu? Heute befindet sich eine «Tibet Kitchen» links und ein Restaurant namens «Han Lin» rechts vom früheren Hoteleingang, und nur wenige Schritte weiter an der Straßenkreuzung mündet die Rue Blainville dann schon in die Place de la Contrescarpe, die rings von Restaurants und Cafés gesäumt ist.

Dem Kalender nach sollte, als wir hier umherwandern, eigentlich praller Hochsommer herrschen, doch ist die Stimmung in diesem Jahr schon im August herbstlich: grau bezogen der Himmel, kühl die Luft, und unter Schirmen, Jacken und Kapuzen flüchten die Menschen vor den immer wieder plötzlich aus den Wolken hervorbrechenden Regengüssen unter die Markisen der Restaurants, in die Eingänge der kleinen Geschäfte. Und doch können wir uns, mit Aussicht auf die kleine Grünanlage in der Mitte des Platzes, gut vorstellen, dass dies schon im Herbst 1956 ein zwar etwas wüster, eher ärmlicher und heruntergekommener, dennoch aber angenehmer Ort zum Leben gewesen sein muss, an dem auch eine Frau allein sich abends ohne Weiteres noch in eine Bar setzen konnte, bevor sie in ihr Hotelzimmer zurückkehrte – das sie vielleicht verlassen hatte, nachdem die ersten Entwürfe zum Gedicht «Hotel de la Paix» notiert waren.

Womöglich hielt Ingeborg Bachmann sich in den düstersten Monaten des Jahres 1956 aber auch hier auf, um einen anderen Mann als Paul Celan zu treffen: Pierre Evrard, einen Journalisten, den sie im Vorjahr in Henry Kissingers Summer Course in Harvard getroffen hatte und mit dem sie bis zu ihrem Lebensende eine ebenfalls wechselhafte Beziehung verband – nichts als düster, angstvoll und melancholisch müssen auch jener November und Dezember für die damals Dreißigjährige durchaus nicht gewesen sein. Und doch erscheint Paris, was das Leben und Schreiben der Autorin Ingeborg Bachmann anlangt, als eine Schimäre: ein imaginärer, ein vor allem literarischer Schauplatz voller Verdunkelungen – der Ort einer

Liebesbeziehung, die materiell und physisch kaum existierte, in der Literatur beider Dichter aber umso wirkungsmächtiger wurde und, was ihre von beiden gewünschte und geplante Verbindung anlangte, ohnedies kein glücklicher Platz.

Die Liebesaffäre, die im Herbst 1957 nach einer Begegnung Bachmanns und Celans in Deutschland noch einmal heftig wiederaufgeflammt war, hatte in beider Leben letztlich keine wirkliche Chance gehabt, und dies nicht nur, weil Paul Celan seit 1952 verheiratet und seit 1955 auch Vater eines Sohnes aus dieser Ehe war. Vielmehr hatte sich schon früh gezeigt – und auch die lyrische Kommunikation bezeugte dies –, dass die Abgründe zwischen dem Juden Paul Celan aus Czernowitz und der Tochter des österreichischen Hauptschullehrers, der ein Nationalsozialist der ersten Stunde gewesen war, sich als unüberwindlich erwiesen. Zweifellos gehörte Ingeborg Bachmann zu denjenigen Angehörigen ihrer Generation, die die Auseinandersetzung mit dem NS-System nicht für eine private und theoretische Angelegenheit hielten, sondern offensiv auf einer gelebten Erinnerung an die Opfer bestanden; diese hatte sich für sie bis ins konkrete Alltagsverhalten hinein zu beweisen. Dennoch gab es trotz der Liebe letztlich keinen Lebensgrund, den eine Frau mit ihrer Herkunft und Geschichte im täglichen Zusammensein mit einem Mann hätte teilen können, der aus dem Reich der Toten heraus lebte und schrieb und nur von diesem historischen und mentalen Ort aus auch eine Rechtfertigung für die Literatur nach der Vernichtung erkannte. Beide arbeiteten sich, allein wie miteinander, an dieser willentlich nicht zu überspringenden Grunddifferenz ihrer Lebensgeschichten ab; beide schließlich in dieser Hinsicht Opfer einer Entwicklung, deren Teil sie ohne eigenes Zutun waren.

Im Sommer 1958 ist endgültig entschieden, dass es ein gemeinsames Leben für Paul Celan und Ingeborg Bachmann nicht geben wird: Die zweite stürmische Phase ihrer Liebesbeziehung ist seit dem Mai des Jahres beendet. Als Bachmann sich von Ende Juni bis Anfang Juli 1958 in Paris aufhält, trifft sie sich mit Celans Ehefrau Gisèle Lestrange, die von der Affäre wusste, und dreimal im Abstand weniger Tage sieht sie auch den Geliebten, der nun kein Geliebter mehr sein soll. Die letzte dieser Begegnungen findet am 2. Juli statt. Am darauffolgenden Tag dann sucht Ingeborg Bachmann den Schweizer Romanautor und Dramatiker Max Frisch in seinem Pariser Hotel auf – Paris, eine literarische Schimäre, wohl wahr, ein unentwirrbares Geflecht von Projektionen und unüberwindbar gegensätzlichen Erfahrungen. Aber ein ganz realer Unglücksort für die Autorin eben auch. In der Beziehung mit Max Frisch, die schließlich aus der Begegnung am 3. Juli 1958 hervorgehen wird, wird es sich wiederum erweisen.

Wegen der Gastspiel-Premiere seines gefeierten neuen Stücks «Biedermann und die Brandstifter» hielt Frisch sich in jenem Sommer in der Stadt auf. Er hatte Ingeborg Bachmann nie zuvor gesehen, nach der Uraufführung ihres Hörspiels «Der gute Gott von Manhattan» im Juni 1958 jedoch hatte er der 15 Jahre Jüngeren in einem Brief seine Bewunderung mitgeteilt. «Wie gut es sei, wie wichtig», hatte sie da lesen können, «dass die andere Seite, die Frau sich ausdrückt (...) Wir brauchen die Darstellung des Mannes durch die Frau, die Selbstdarstellung der Frau.»[43] Und nun machte ihm «die Frau», die «andere Seite», von sich aus ihre Aufwartung.

Frischs gönnerhafte Sätze heute lesend, meint man, Ingeborg Bachmann hätte gewarnt sein können. Doch erfasst eine solche Lektüre des Briefes allenfalls die halbe Wahrheit. Einerseits nämlich scheint es gut möglich, dass die patriarchale Geste sich in das traditionell geprägte Weiblichkeitsbild einer Zweiunddreißigjährigen am Ende der fünfziger Jahre gerade fügte, die, wie die Schriftstellerin Bachmann, zwar mittlerweile in der großen Welt zu leben gewohnt war, mit einem Teil ihrer Existenz aber nach wie vor in der Provinz wurzelte. Überdies schien sie selbst in ihren Wünschen ja ebenfalls gespalten: Als selbständig lebende und arbeitende Intellektuelle und Künstlerin dachte sie doch wenigstens zeitweilig auch an die Möglichkeit, dieses Dasein gegen ein stabiles, geordnetes Leben mit einem Ehemann und Kindern einzutauschen.

Max Frisch andererseits hatte sein Lob zwar ganz im Gestus des Patriarchen mitgeteilt, war im Inhalt seiner Botschaft jedoch über das zeittypische Männerverhalten zugleich einen beträchtlichen Schritt hinausgegangen. Genau das hatte er für «wichtig» erklärt, was Ingeborg Bachmann war: eine «Frau, die sich ausdrückt» – und damit eine Qualität bezeichnet, mit der die allermeisten Männer dieser Jahre, wenigstens beim Gedanken an eine Lebensbeziehung, möglichst nichts zu schaffen haben wollten: Nicht nur Eigenständigkeit, auch Eigensinn ließ sich hier vermuten. Vor diesem Hintergrund aber musste Frischs

Geste nachgerade als diejenige eines ungewöhnlichen, emanzipierten Mannes wirken. Und mindestens machte sie den guten Willen deutlich, sich jenseits der etablierten Rollenklischees zu bewegen.

Als Ingeborg Bachmann im Sommer 1958 nach der endgültigen Trennung von Paul Celan in Paris auf Max Frisch traf, war nicht nur ihre psychische Verfassung desolat – ihre materielle Situation war es nicht minder. Das Leben in Rom hatte sie im Jahr zuvor wegen mangelnder Einkünfte aufgeben müssen, nun lag ein knappes Jahr in München hinter ihr, wo sie als Fernsehdramaturgin beim Bayerischen Rundfunk tätig war – ein Rückfall in die Zeiten, als sie beim Sender Rot-Weiß-Rot in Wien eine Stellung als Rundfunkredakteurin bekleidet hatte und ihr zum Schreiben im Wesentlichen nur die Nachtzeiten und Wochenenden geblieben waren. Ein ungeliebter Job war die Münchner Position zudem, in einer ungeliebten Stadt und ohne eine einigermaßen realistische Aussicht darauf, in ihrem «erstgeborenen Land» jemals noch als Schriftstellerin auf eigenen Füßen zu stehen.

Gar nicht zu reden davon, dass sie sich auch in ihrer literarischen Arbeit in einer Umbruchphase befand: Als Lyrikerin zu Ruhm gekommen, war sie eben dabei, sich auf das Schreiben von Prosa umzuorientieren. Schon im Mai hatte sie ihrem Verleger Klaus Piper mitgeteilt, sie wolle sich «vom Sommer ab den Wohnsitz und die äußere Daseinsform»[44] zur Fortsetzung ihrer literarischen Arbeit nach ihren eigenen Regeln und Notwendigkeiten suchen. Ein Roman sollte das nächste Werk werden, das stand fest, und in Wien sollte er spielen – ein Vorbote des späteren

«Todesarten»-Projekts also, das dann freilich erst durch das Zusammenleben mit Max Frisch seine charakteristische Prägung annehmen sollte.

Und nun war Sommer. Paris und Paul Celan boten keinerlei Aussicht mehr, das Leben in München hatte nie eine solche enthalten und sollte so rasch wie möglich zu einem Ende kommen. Und ausgerechnet da war der berühmte Max Frisch in der Stadt, der ihr einen so ermutigenden Brief geschrieben, der sie gleich als «die Frau» von heute angesprochen und exponiert hatte, – ein Fingerzeig des Himmels womöglich. Ingeborg Bachmann war nicht diejenige, die eine Chance ungenutzt verstreichen ließ und war ja bislang auch mit dieser zupackenden Art gar nicht schlecht gefahren, bedachte man nur die himmelstürmende Entwicklung ihrer Schriftstellerinnen-Karriere seit der ersten Begegnung mit Hans Werner Richter sechs Jahre zuvor in Wien oder auch den spontanen Entschluss, im Sommer 1953 alle anderen Pläne beiseitezuschieben und zu Hans Werner Henze nach Ischia zu reisen.

In ihrem Roman «Malina» wird der Tag ihrer ersten Begegnung mit Max Frisch später benannt werden als ein «vielleicht noch rätselloser Tag, sicher noch ohne Kopfschmerzen, ohne Angstzustände, ohne unerträgliche Erinnerungen (...), ein leerer oder ausgeraubter Tag, an dem ich älter geworden bin, an dem ich mich nicht gewehrt habe und etwas geschehen ließ»[45] – als ein Tag im Zeichen von Passivität und Hilflosigkeit also. Ein Bild, das mit der realen Zielstrebigkeit Ingeborg Bachmanns, welche das Zusammentreffen schließlich überhaupt erst herbeigeführt hatte, nur schwer in Einklang zu bringen ist.

Auch Max Frisch ließ ihr persönliches Bekanntwerden Jahre später noch einmal Revue passieren. In «Montauk», seiner literarischen Version ihrer Beziehungsgeschichte, die er bald nach dem Tod der einstigen Lebensgefährtin zu schreiben begonnen hatte, fasste er den Morgen nach dem 3. Juli 1958 so: «PARIS, die ersten Küsse auf einer öffentlichen Bank, dann in die Hallen, wo es den ersten Kaffee gibt: am Nebentisch die Metzger mit ihren blutigen Schürzen, diese zu plumpe Warnung ...»[46]

Aber es war ja schon bis hierher alles einigermaßen offenkundig und holterdiepolter vor sich gegangen, aus Ingeborg Bachmanns Perspektive freilich mit logischer Konsequenz. Ihr Leben musste dringend eine andere Form annehmen, der Einzug von etwas wie bürgerlicher Sicherheit – unter Wahrung ihrer künstlerischen Freiheiten und Notwendigkeiten natürlich – war hoch an der Zeit, und ein von internationalem Glanz und Ruhm getragenes Dasein gehörte dabei ebenfalls zu den erwünschten Grundbedingungen. In einer Verbindung mit dem inzwischen weltweit erfolgreichen Schriftsteller Max Frisch konnte die Erfüllung all dieser Wünsche zugleich in den Bereich des Möglichen rücken: danach, die Frau an der Seite eines künstlerisch geachteten Mannes und dabei weiterhin selbst Dichterin, ja, *prima inter pares* zu sein, dies alles von einem gesicherten materiellen Boden aus. Und welcher Boden wäre einer während des Zweiten Weltkriegs herangewachsenen Westeuropäerin am Ende der fünfziger Jahre gesicherter erschienen und dabei weniger geschichtsinfiziert als derjenige der Schweiz? Es brauchte, um zu diesem Resultat zu gelangen, kein strategisches

Getüftel, auch Berechnung war nicht vonnöten. Ein leicht gelenkter Zufall reichte aus, und das Übrige fügte sich zusammen.

2 Zürich

Der frühe Wintermorgen vor den Toren der Stadt ist kalt und klar, gerade erst wächst ein bisschen Licht hinter den Bergen, den Leuten stehen Atemwölkchen vor den Mündern, man ist geschäftig, eilt hin und her, denn hierher kommt man nur, um von hier wegzufahren, hinaus in die Welt oder hinein in die Stadt: Zürich. In der Frühe um halb acht sind wir am Flughafen Klothen gelandet, dort, wo in den sechziger Jahren der Romanheld Gantenbein so oft seine Gattin abholte, Lila, die berühmte Schauspielerin, wenn sie von der Arbeit oder von glamourösen Auftritten in anderen Ländern zurückkam, und der nur vorgeblich blinde Gantenbein soll das Alter Ego von Max Frisch und die weltberühmte Schauspielerin das Double von Ingeborg Bachmann gewesen sein – das hat jedenfalls sie so gelesen und in ihrem Roman-Fragment «Requiem für Fanny Goldmann» eine Schauspielerin ins Zentrum gestellt, die sich von ihrem Schriftsteller-Ehemann in einem Roman «geschlachtet» fühlte: «Er hatte sie ausgeweidet, hatte aus ihr Blutwurst und Braten und alles gemacht», sie war «hier geschlachtet, gekocht, geräuchert worden (...) wie ein Schwein.»[47] Die Beziehung zwischen Max Frisch und Ingeborg Bachmann, die im Sommer 1958 in Paris ihren Ausgang genommen hatte, hatte vielfältige Konsequenzen auf beiden Seiten, nicht nur literarische, diese aber auch.

Im unterirdischen Zug nach Zürich sitzen um diese Zeit die Pendler, müde Junge und Alte, sie blättern Zeitungen durch oder schwatzen miteinander, und die eine, die ihrer Freundin gerade erzählt, wie der Abend mit dem Fränkie war, werden wir am Nachmittag in der Stadt wiedersehen, nun unnahbar kühl und perfekt hergerichtet, als Verkäuferin in einem edlen Antiquariat: 2900 Schweizer Franken soll die Prachtausgabe der «Briefe an Felician» kosten, die hier im Fenster ausliegt, von Ingeborg Bachmanns Schwester im Jahr 1991 aus dem Nachlass herausgegebene fiktive Liebesbriefe der 19-Jährigen, versehen mit acht farbigen Kupferstichen des Wiener Künstlers Peter Bischof, der auch Gedichte Paul Celans illustriert hat. Die junge Dame, die frühmorgens noch den Eindruck eines verlässlichen, wenngleich übermüdeten Büromädchens machte, traut uns offenkundig nicht zu, dass wir ihr die Kaufsumme für das Liebhaberstück auf ihren Ladentisch legen werden. Sie erteilt die Auskunft und wendet sich dann verdrossen ab. Dies geschieht am Fuße der Kirchgasse, an deren anderem Ende Ingeborg Bachmann in ihrer Spätzeit in Zürich ein kleines Apartment bewohnte, und der edle Buchkarton in der Antiquariatsauslage wird das einzige sichtbare Zeichen bleiben, das wir von der Schriftstellerin in dieser Stadt finden werden, 45 Jahre, nachdem sie von hier fort und ins jüngst erst eingemauerte Berlin zog.

Es wird aber schon später Nachmittag sein, wenn wir dem Mädchen aus dem Pendlerzug wiederbegegnen, das seiner Freundin dort jetzt noch bewegt von seinen Kümmernissen mit dem flatterhaften Fränkie berichtet. Und als wir am prächtigen Gründerzeit-Bahnhof Zürichs in aller

Herrgottsfrühe zusammen den Zug verlassen, trennen sich unsere Wege zunächst: Die Mädchen nehmen Kurs auf ihre Arbeitsplätze in der Stadt, wir aber fahren mit einem anderen Zug weiter, nach Uetikon am See. Hier, am Ursprungsort der einstigen Fischersiedlung am Zürichsee, hatten Ingeborg Bachmann und Max Frisch ihre gemeinsame Wohnung im ältesten Gebäude des Dorfes, dem 1634 errichteten «Haus am Langenbaum».

Zwanzig Minuten lang fährt der morgens zwischen acht und neun angenehm leere Vorortzug erst einmal am See entlang. Die Stadt geht bald in kleinere Ortschaften über, wir passieren Küsnacht, dem gegenüber, irgendwo im Morgennebel versunken, am anderen Seeufer Kilchberg liegt, der letzte Wohnort Thomas Manns – eine literarische Gegend voller Spuren und Bilder ist dies allemal. «Schön ist, Mutter Natur, deiner Erfindung Pracht / Auf die Fluren verstreut, schöner ein froh Gesicht, / Das den großen Gedanken / Deiner Schöpfung noch Einmal denkt...» 258 Jahre vor uns sah Friedrich Gottlieb Klopstock, was wir jetzt sehen, während die Flussufer unterhalb der Bahn vorüberziehen, der Himmel sich allmählich zu weiten beginnt und zögernd sich hie und da ein Fetzchen Sonne zeigt. Mit seinen Freunden am 30. Juli 1750 in gelöster Stimmung über den «Zürchersee» rudernd, dachte Klopstock aber offenbar auch schon an genau das, was Jahrhunderte später auch noch seine Nachfolger beschäftigen würde, diese nur weniger glücklich vielleicht, weniger zuversichtlich als er: «Reizvoll klinget des Ruhms lockender Silberton / In das schlagende Herz, und die Unsterblichkeit / Ist ein großer Gedanke, / Ist des Schweißes der Edlen wert!»[48]

Ingeborg Bachmann und Max Frisch, nach einer ersten kurzen Trennung bald nach Bachmanns Ankunft in Zürich nun also doch zu einem gemeinsamen Leben in dieser Region entschlossen, waren mit «des Ruhms lockendem Silberton», dem Sirenengesang eines Versprechens auf Welterfolg und womöglich «Unsterblichkeit» im Jahr 1958 beide schon wohlvertraut. Er siebenundvierzig, sie zweiunddreißig Jahre alt, hatten beide bereits Werke an die Öffentlichkeit gebracht, die sie im Blick ihrer Zeitgenossen unter die Großen ihrer Zeit hatten aufrücken lassen. Früh schon hatte die Schriftstellerin Bachmann Prosa geschrieben, sich dann jedoch in den fünfziger Jahren mit den Gedichtbänden «Die gestundete Zeit» und «Anrufung des Großen Bären» wie mit ihren poetisch-surrealen, mit der Ischia- wie mit der ersten USA-Erfahrung operierenden Hörspielen «Die Zikaden» und «Der gute Gott von Manhattan» einen Namen als Erste Dichterin des deutschsprachigen Raums gemacht. Nun machte sie sich daran, einen anderen Weg einzuschlagen: Prosawerke sollten ihre nächsten Veröffentlichungen sein. Damit jedoch war das Künstlerpaar Bachmann-Frisch, außer durch die Liebesbeziehung, auch noch durch ein Konkurrenzverhältnis auf demselben Feld verbunden – Ingeborg Bachmann dabei freilich mit dem Handicap, sich, von der äußersten Verdichtung der poetischen Sprache kommend, in das weiter schwingende Gewebe der Prosa überhaupt erst wieder einhören, sich gewissermaßen ins andere Genre erst einsingen zu müssen. Gemessen an den Arbeitskrisen, über die der Briefwechsel mit Hans Werner Henze schon in den frühen Jahren Auskunft gibt, bedeutete dies – ganz unabhängig von der nun alltäglichen Beziehungsgegenwart eines erfolgreichen und populären Kollegen aus gerade diesem Fach – eine doppelt strapaziöse Anforderung und eine Hypothek allemal für das gemeinsame Leben, mindestens auf Seiten der Autorin.

Ruhiger, schöner, friedlicher allerdings könnte eine Umgebung nicht sein als diejenige, in die uns der Zug in Uetikon am See nun entlässt. Ein winzig kleiner Bahnhof mit einer Kaffeebar und einem üppig ausgestatteten Supermarkt, und, ja, die freundliche Bedienung weiß, wo das «Haus am Langenbaum» liegt, natürlich, es ist ja berühmt! – Wegen seiner früheren Bewohner? – Verwundertes Schweigen. Welche Bewohner? Dichter? Nein, nein, es ist halt das älteste Haus am Platz, der Ursprung der Gemeinde, darum. Und ganz leicht gelangt man auch dorthin: Einfach links heraus aus dem Supermarkt, vorn unter der Unterführung hindurch, dann wieder links halten, etwa zweihundert, dreihundert Meter die Straße entlang, und da liegt es dann, rechts, Sie werden es schon sehen!

Und so ist es. Ein massiver, zweiflügeliger Klotz, direkt an der Durchgangsstraße ins nahe Männedorf gelegen, just von diesem Punkt an dürfen die Autos wieder beschleunigen. In einem ursprünglich wohl einmal rosafarbenen Ton ist das Haus mit der Adresse Seestraße 152 gestrichen, nun aber steht es leicht verschmuddelt da und angegraut, die Abgase der hier unablässig vorüberbrausenden Fahrzeuge haben ihre sichtbaren Spuren hinterlassen, und grau sind auch die Fensterläden des dreistöckigen Gebäudes, zu dessen schlichtem Klingelbrett eine kleine Treppe hinaufführt. Direkt über der alten, hölzernen

Eingangstür mit einer schönen handgeschmiedeten Klinke schwebt im ersten Stock ein kleiner Balkon, der die Eintretenden vor Regen, Sonne oder Schnee schützt: Solidität atmet hier alles, Stabilität, Normalität – Sicherheit. Dies jedenfalls sind die ersten Vokabeln, die sich angesichts des unspektakulären Anblicks einstellen, und tritt man hinter das Haus, wo ein schmaler, asphaltierter Weg zum See hinunterführt, lässt sich buchstäblich mit Händen greifen, was Ingeborg Bachmann Ende der sechziger Jahre in dem Gedicht «Eine Art Verlust» beschrieb: «Aus dem Seeblick hervor ging meine unerschöpfliche Malerei. / Von dem Balkon herab waren die Völker, meine Nachbarn, zu grüßen.»[49] Hier also schien der Traum vom Leben als einem Fest, dessen glanzvolle Mitte die Dichterin hätte sein sollen (und die sie für glückliche Momente hier offenkundig auch war), im Rahmen gehobener Schweizer Bürgerlichkeit in Erfüllung zu gehen.

Wie in ihrer späten Erzählung «Drei Wege zum See» aber, in der die weibliche Hauptfigur bei Klagenfurt vergeblich ans Ufer des Wörthersees zu gelangen versucht, ist auch hinter dem Haus am Langenbaum der See selbst nicht zu erreichen. Auf einer weißen Gartenbank kann man sich niederlassen, unter einer alten Erle, man könnte auch an eine kleine schmiedeeiserne Balustrade treten und drüben am anderen Ufer weitere Ansiedlungen sich abzeichnen sehen, auf einem Hügelkamm erstreckt sich darüber eine ausgedehnte Baumgruppe. Um aber auch nur einen Zeh in den See zu halten, müsste man über ein Mäuerchen aufs Nachbargrundstück hinübersteigen, wo ein Badesteg mit zwei Laternen auf rotweiß geringelten Masten als kuriose Venedig-Reminiszenz ins Wasser ragt. Es ist alles da, nicht alles aber erreichbar – und womöglich das Wesentliche gerade nicht.

Und doch: Wenig später, als wir, nur ein paar hundert Schritte vom Haus entfernt, in der kalten Wintersonne zwischen aufgeregt krächzenden Möwen an einem kleinen Yachthafen sitzen und über den sich hier weit ausbuchtenden See hinweg auf die schneebedeckten Berge am jenseitigen Ufer schauen, erschließt sich, was dies alles hier für Ingeborg Bachmann an Erinnerung in sich eingeschlossen haben muss. Da war der See ihrer Kindheit wieder, nur größer; da waren die Berge; da war das geordnete, geregelte Leben, das Sorglosigkeit und Sicherheit suggerierte, auch einen gefestigten Tageslauf gab es – da war alles anwesend, was früh schon einmal gewesen war, jetzt aber zugeschnitten auf die Erwachsene, die Frau von Welt und Format, die hier ohne äußere Bedrängnis ihrer «unerschöpflichen Malerei» nachgehen konnte. Da waren sie also und schienen nun ganz begründet: die schönen, großen Aussichten.

Aber es ging nicht. Denn da war auch, zuerst einmal, die Enge, waren das Provinzielle und damit unvermeidlich auch die lauernde Beobachtung, die der Provinz eignet – auch dies als Grundbedingung des Lebens gewiss bekannt schon aus Klagenfurt. Sehr freundlich, alles dies, ganz ohne Zweifel. Das alte, für seine Küche renommierte «Hotel Krone» unweit des Bahnhofs, vom Haus am Langenbaum in nur wenigen Minuten zu Fuß zu erreichen und auch vom Autorenpaar häufig besucht, wünscht auf einer handgeschriebenen Tafel «Schöne Fäschttag», und es macht sich jetzt hinter dem Fenster nicht nur ein junger Bernhardiner bemerkbar, der die hereinspähende Fremde dringend seinerseits in Augenschein nehmen will; mit ihm tritt der Chef des Hauses auf die Schwelle, aufrichtig bedauernd, dass man in diesen Tagen geschlossen habe.

Rasch eingesponnen in Zugewandtheit findet sich auch, wer wie wir – im strahlenden Wintersonnenschein inzwischen – durch die Weinberge in das schöne alte Dorf Uetikon hinaufwandert. Steil führt der Weg bergan, auf dem man einander nicht nur selbstverständlich grüßt, sondern auch, allein um zu verschnaufen, gern für einen Augenblick miteinander stehen bleibt und nach dem Woher und Warum sich erkundigt. Was immer es sei, hier bleibt nichts verborgen. Und darf es auch nicht, anders würde der Zusammenhalt zwischen der «Männerriege Uetikon», die hier oben bei der Kirche einen Schaukasten hat, zwischen den Besuchern des Coop-Ladens, der Stadtbibliothek, der zwei Kindergärten, des Ärztezentrums und des traditionsreichen «Restaurants Sonnenhof» in ihrer stillschweigenden Grundvereinbarung gestört: eine heile Außenhaut – der Person wie ihrer Lebensverhältnisse – ist hier nicht nur erfordert, sie ist eine Grundvoraussetzung. Ingeborg Bachmann, die von der Feldeggstraße 21 unten in Zürich hier hinauf ans obere linke Seeufer gezogen war, um in Uetikon mit Max Frisch zu leben, nahm sich binnen Kurzem eine kleine Ausweichwohnung für sich allein. Mitten in der Stadt nun, gleich hinter dem berühmten doppeltürmigen Münster, und in dem Haus, in dem einst Gottfried Keller als «Staatsdichter» gelebt hatte.

Gegenüber dem Uetikoner Bahnhof liegt, unterhalb des

Bahndamms und für den, der Bescheid weiß, nun gut zu erkennen, das Haus am Langenbaum. Während wir am Gleis 1 auf den Zug zurück nach Zürich warten, entdecken wir in einem kleinen, verstaubten Trödelladen einen rostigen Fleischwolf, ein Schaukelpferd mit ausgedünntem Rosshaarschwanz, eine Käthe-Kruse-Puppe, einen Staubsauger sowie ein blaues Plastik-Sparschwein, alles anscheinend vor Jahren hier abgelegt und vergessen. In all dem Geordneten und Geputzten ringsum verschafft uns das Arrangement einen Moment wundersamer Erleichterung. Es ist also doch nicht alles aufgeräumt hier, nicht einmal in Uetikon am See. Herausfordernd hatte eine riesige blau grundierte Plakatwand der «Garage Büchi AG Stäfa» der Passantin zuvor unten beim einstigen Wohnhaus des Paares Bachmann-Frisch noch mitgeteilt: «Es gibt immer einen Weg.» Manchmal aber, denken wir jetzt, muss der Weg unbedingt ins Ungeordnete zurückführen, wenn einer nicht in Schönheit unbewegt sitzen bleiben will: wenn er noch etwas vorhat mit sich selbst. Auch ein Motiv, das kontrollierte Gehege am See zu verlassen.

Und wie merkwürdig bei alledem, fällt uns ein, während nun wieder die Häuser am Abteilfenster vorüberziehen und die Seeufer allmählich aufeinanderzurücken, je weiter der Zug sich der Stadt Zürich nähert, wie eigentümlich, dass diese edle und schöne Adresse hier draußen ebenso abgerückt ist von allem Geschehen im nach Kilometern gar nicht so weit entfernten Zentrum, wie dies auch bei jener Wohnung der Fall war, die Ingeborg Bachmann und Max Frisch in den frühen sechziger Jahren in Rom gemietet hatten. Nach einer ersten, auch nicht eben ärmlichen Bleibe in der Via Giulia 102 zogen sie dort in die Via de Notaris 1 F, in ein Nobel-Appartement im Diplomatenviertel, hoch über der Stadt gelegen, ganz am von dieser abgewandten Ende der Villa Borghese. In seinem romanhaften Bekenntnis- und Erinnerungsbuch «Montauk» hat Max Frisch berichtet, auf welchem Wege das Paar an das exzeptionelle Wohnquartier gelangt war, sein Stichwort dazu hieß «Ihr Glanz», der Glanz der Dichterin Bachmann. «Wir sitzen vor einem römischen Makler», schreibt Frisch, «der die Wohnung einer Baronessa vermietet und zu verstehen gibt, die Baronessa könnte als Mieter einen amerikanischen Diplomaten vielleicht vorziehen, DOTTORE, sagt sie entgeistert wie eine Königstochter, die nicht erkannt worden ist und zögert, SENTA, sagt sie, SIAMO SCRITTORI, und wir bekommen die Wohnung; Terrasse mit Blick über Rom.»[50]

Blick über Rom, aber nicht in Rom: Von der Via de Notaris aus erforderte jeder Weg in die quirlige Kapitale Überlegung, Planung, Vorbereitung, nichts war von hier aus im Centro spontan und etwa zu Fuß zu realisieren. Was aber machte es erforderlich, diese Distanz zwischen sich und die anderen zu legen, sich abzutrennen vom betriebsamen Alltag? Das Bestehen auf der eigenen Besonderheit, eine geografische Darstellung der weiten Entfernung, die man inzwischen von allem Gewöhnlichen gewonnen hatte? Oder war mit dieser Wahl alles vielleicht einfach eine Nummer zu groß geraten? Für Ingeborg Bachmann selbst jedenfalls, die dies immerhin mitbetrieben hatte, stimmte daran etwas Wesentliches nicht – nicht auf die Dauer wenigstens. Dies war nicht mehr ihr Rom, wie auch Uetikon am See eben nicht Zürich war. Da hatten beide vielleicht miteinander versucht, sich noch einmal neu zu begründen, und dann erwies sich die Haut, die sie für diesen Akt gewählt hatten, endlich doch als zu groß. Und in den allzu weiten Zwischenräumen fand im Folgenden all das Weggeschobene Platz, das, was nicht sein, nicht gedacht werden sollte, auch Unheimliches.

Fotos zeigen die Schriftstellerin Bachmann in diesen Jahren im schönen, kühlen Edel-Rom vor dem Schachbrett, in eleganter Garderobe, in modern möbliertem, teurem Ambiente, auch die Frisur ist neu, locker geordnet, irgendetwas zwischen mädchen- und damenhaft – im Kleinen und Einzelnen ein Bild dieser römischen Existenz, die seit 1960 nun immer parallel zu derjenigen in Zürich und in Uetikon stattfindet, ein Leben auf großem Fuß, mit hohem Anspruch. An der Universität in Frankfurt am Main hat sie im Wintersemester 1959/60 die erste Poetik-Dozentur wahrgenommen und fünf hochkomplexe, dabei literarisch formulierte Vorlesungen gehalten, da war vom großen «Glanz» noch nichts zu sehen gewesen. Verschüchtert blickt die Dichterin unter verschwitztem, schlecht geschnittenem Haar aus der Fotografie und scheint sich an der Mappe festzuhalten, in der ihre Vorlesungstexte liegen. Zweierlei sollte in diesen Vorträgen jetzt zusammenfließen: ihre frühere Existenz als promovierte Philosophin mit Hoffnungen auf eine Hochschulkarriere an einer österreichischen Universität und diejenige der Schriftstellerin, die sie inzwischen geworden war. Doch war der Widerhall in Frankfurt alles andere als freundlich. Die Studenten verstanden die gelehrte Poesie nicht, die da vor ihnen ausge-

breitet wurde, die Universitätsherren wiederum erkannten ihre wissenschaftliche Redeweise über Literatur nicht wieder, Frau Dr. Bachmanns Art, aus der Mitte ihres eigenen Faches heraus zu reden, war ihnen fremd – eine Quälerei für beide Seiten und aus der Perspektive der Vortragenden eine Verschwendung an ein Gewerbe, in dem man immer noch mit hölzernen Löffeln aß.

Doch auch in Rom und Zürich, an ihren beiden Wohn- und Arbeitsstätten, nahm das Dasein im Folgenden zunehmend verstörende Züge an. Während «der Max» des Morgens sich sozusagen (oder, wer weiß, auch tatsächlich) pfeifend seiner Schreibmaschine näherte und, was er zu schreiben sich vorgenommen hatte, ohne Unterlass herunterzutippen begann, verharrte im Untergeschoss die Dichterin Bachmann und kam nicht voran. Flüchtete zum Friseur, blätterte in Illustrierten, litt, wurde unruhig, dann schwierig. Und als im Jahr 1961 tatsächlich ihr erster Prosaband erschien – sieben Erzählungen unter dem Titel «Das dreißigste Jahr» –, reagierte auch die Kritik, die sie als *Diva assoluta* der Gegenwartsdichtung acht Jahre zuvor auf den Schild gehoben hatte, missmutig. Was war das für eine Erinnerung an «Mörder und Irre», die sich in der Gegenwartsgesellschaft angeblich kommod reinstalliert hatten – die Mörder insbesondere –, und wer eigentlich sollte sich gemeint fühlen unter der Anrede «Ihr Ungeheuer mit Namen Hans»? Man selbst womöglich, auch nur ein «Hans»? Und wo schließlich blieben die «Delikatessen», jene «Worthappen erster Güte»[51], wie die Autorin selbst zu jener Zeit schon ihre eigene Art von Poesie abtat, um deren hochtönender Metaphernballungen willen man sie jedoch einst auf dem Podest installiert hatte? Was sollte die prosaisch präzise Konfrontation mit Konkretem, mit Politischem womöglich, da sich mit diesem Komplex doch ihre männlichen Kollegen bereits ausreichend und jedenfalls sachkundig befassten?

Zwar erhielt der Erzählungsband 1961 den Berliner Kritikerpreis, doch war klar, dass Ingeborg Bachmann hier eine Grenze überschritten hatte, deren Missachtung man der Göttlichen nicht zugestehen mochte. Der Weg in die Prosa, sollte sie ihn weiter verfolgen, würde steinig bleiben, so viel stand nach dieser ersten Konfrontation fest. Das Bild, das die Dichterin einmal von sich entworfen hatte und das so gut in die Zeit, in deren Sehnsüchte und Bedürfnisse nach schöner Überhöhung des gerade erst vergangenen Schreckens gepasst hatte, prallte von nun an mit dem der intellektuellen Frau zusammen, die sich nichts abhandeln ließ. Ein literarischer wie ein Lebens-Spagat waren damit zu vollbringen, um künftig zwei Images verschiedener Zeiten und Herkünfte nicht vollends aneinander abprallen zu lassen – um, und das hieß es ja nicht zuletzt auch, auf dem Markt zu bleiben.

Umso frappierender, vergleicht man die Frauen-Bilder, die Max Frisch gerade in diesen Jahren in seinem Roman «Mein Name sei Gantenbein» entwarf, mit den realen Komplikationen dieser sich gegen massive Widerstände neu definierenden Künstlerinnen-Existenz. Ingeborg Bachmann sah sich, als das Buch im Jahr nach ihrer endgültigen Trennung herauskam, von ihrem ehemaligen Lebensgefährten in der vielgestaltigen Schauspielerin Lila wie in der liebenswürdigen Nutte Camilla porträtiert, und anders wäre es wohl auch schwerlich aufzufassen gewesen. Denn handelte es sich hier nicht um ebendas, was der schreibfreudige «Max» in den Jahren ihres Zusammenlebens als beharrlicher Schreib-Arbeiter tagein, tagaus auf seiner Maschine zu Papier gebracht hatte?

Es brauchte durchaus keine Paranoia, um in den Figuren «Camilla» und «Lila», leicht verzerrt und verschoben, Züge der Schriftstellerin Ingeborg Bachmann wahrzunehmen – Camilla ist dabei im Roman als eine «Kokotte» ausgewiesen, vor deren Lotterdasein eine «Hausfrau» den männlichen Protagonisten auf der Straße gewarnt hat, Lila hingegen wird dargestellt als eine international gefeierte, affärenselige, liebreizend vergesslich-verschusselte, in teuren Menüs herumstochernde Schauspielerin. Ausschließlich jene Züge der Autorin Bachmann freilich waren damit berührt, die mit der unruhigen Intellektuellen nichts zu tun hatten. Allerdings enervieren die von Frisch gewählten Frauen-Varianten gerade in ihrer ostentativ lieblichen Weiblichkeit den männlichen Erzähler auf die Dauer derart, dass die hinreißende Hure schließlich einem Mord aus Eifersucht zum Opfer fällt, während der Gatte der Schauspielerin am Ende genug gesehen hat und seiner Frau, die ihn aufgrund ihrer narzisstisch gelebten weiblichen Triebnatur zwanghaft betrügt, die Trennung nahelegt.

Das «blaue Haus» in der Feldeggstraße, das der Held in Max Frischs Roman in täuschender Absicht als seine eigene Adresse angibt, liegt ganz in der Nähe derjenigen der Lebedame, und es ist wohl nicht zufällig eben das Haus, in dem Ingeborg Bachmann ihre erste Züricher Zeit verbrachte. Es steht heute noch genau so da wie Ende der fünfziger Jahre, immer noch ist es blau gestrichen und fügt sich harmonisch ein in eine Kette mehrstöckiger Bürgerhäuser unweit des Zürichsees – ein Spazierweg von fünf Minuten, und man findet sich an dessen Ufer.

In dieser Gegend ließ Frisch die Roman-Camilla in ihrem Karmann Ghia «mit dem billigen Motor» halsbrecherisch und unter Missachtung aller Verkehrsregeln durch den Straßenverkehr kurven, hinweg über durchgezogene Seitenlinien und Straßenbahnschienen, nebenbei einen LKW übersehend, dem sie die Vorfahrt nimmt – zuvor hatte sie schon um ein Haar Gantenbein selbst angefahren. Diesem übrigens kommt die «Blondine» aufgrund der Einfärbung seiner Blindenbrille wie eine «grünliche Undine» vor, die einen «tangigen Pelz» trägt, und über ihr achtloses Gebaren im Stadtverkehr wundern wir uns natürlich keinen Augenblick: wenn sie doch ohne eine Sehhilfe fährt, wie Frau Dr. Bachmann sie so dringend benötigt hätte! Dass es im Übrigen der Held Gantenbein ist, der sich im Roman mutwillig zum Blinden macht, während doch das reale weibliche Gegenüber seines Autors ohne eine Brille im Alltagsleben so gut wie blind war, ist da nur eine Arabeske am Rande.

Ein Foto gibt es von Ingeborg Bachmann, das sie im März 1963 – die Trennung von Max Frisch ist seit Kurzem vollzogen – bei der Premierenfeier zu Friedrich Dürrenmatts Stück «Herkules und der Stall des Augias» an einer Tafel in der Zürcher «Kronenhalle» zeigt: eingehüllt in eine ausladende, alles andere als «Tang»-artige Pelzstola, die noch den unteren Teil des Hinterkopfs und den Rücken fast bis zum Gesäß bedeckt. Außer ihrem Pelz scheint von der Autorin hier nicht viel geblieben. Andere Aufnahmen aus derselben Serie zeigen sie von vorn, und der Anblick dieses von Schlaflosigkeit, Tabletten- und Alkoholkonsum aus der Façon geratenen Gesichts hinterlässt den Eindruck, hier habe man eine in all ihrem materiellen Luxus schwer zu Schaden gekommene Dame der besten Zürcher Gesellschaft vor sich. Solche trifft man auch heute in nicht geringer Zahl vor den noblen Boutiquen der Altstadt. Man begegnet ihnen zur Lunchtime bei «Sprüngli» am Paradeplatz, wo sie mit freudlos und gequält anmutenden erwachsenen Kindern auf ein Pastetchen oder einen Salat verabredet sind – Pelze, Perlen, Prada, das ist die Ausstrahlung, die das gepflegte und saturierte Zürich an diesem sonnenhellen Wintermittag jedenfalls für die Zugereiste hat, und sie kann sich eine um fünfzig Jahre jüngere ebenso wie eine heute zweiundachtzigjährige Ingeborg Bachmann in diesem Ambiente ohne Weiteres vorstellen: wohlsituiert, depressiv, durch den Gebrauch chemischer Stoffe von der Wahrnehmung des eigenen Elends weitgehend abgeschirmt.

Das große Versprechen, das die Stadt in all ihrem sichtbaren Reichtum, ihrer jahrhundertealten Stabilität und Aufgeräumtheit macht, gehört bis heute allerdings ebenfalls zum Air calvinistisch gebändigten Überflusses. Legt man die Prachtstrecke vom dezent restaurierten Hauptbahnhof über die Bahnhofstraße bis zur Quaibrücke zurück, öffnet sich hier das grandiose Panorama mit dem See zu Füßen und den Bergen als schützender Begrenzung. Straßenbahnen, Autos und Busse bewegen sich in einem

unablässigen Strom über die Brücke, dahinter, ein mentaler Halt im Rücken des Betrachters, weiß man die Banken, die noblen Geschäfte, die gut gekleideten Passanten, deren Teil zu sein von dieser Stelle aus plötzlich nichts als natürlich scheint: als habe die Stadt selbst es an sich, die Menschen fest auf ihre eigenen Füße zu stellen und in Sicherheit zu bringen.

Das «blaue Haus» in der Feldeggstraße 21 konnte diesen Eindruck nur verstärken, so alltäglich, bürgerlichbehaglich ist hier alles angelegt, und trotz der vielen kleinen Handwerksbetriebe ringsum dringt Lärm nur von der Seefeldstraße heran, die die Feldeggstraße kreuzt und auf deren Straßenbahnschienen die lebenslustige Camilla mutmaßlich ihre halsbrecherischen Fahrmanöver ausführte. Heute findet sich in dem dreistöckigen Haus mit den kleinen Balkonen (von denen aus, reckt man nur ein wenig den Hals, sogar der See zu erspähen wäre) ein «Institut für lösungsorientiertes Malen» sowie ein anderes für «humane Maltherapie», doch können wir uns nicht vorstellen, dass die Schriftstellerin Bachmann, beschäftigt mit einer ganz anderen Art «unerschöpflicher Malerei», derartige Angebote in Anspruch genommen hätte. Sie wird die wenigen hundert Meter zum See vorgelaufen sein, der hier, auf seiner linken Uferseite, für jedermann zugänglich ist: Parkanlagen, Bänke, kleine Yachthäfen, weiter oben am Zürichhorn warten zwei Restaurants mit prächtigem Seeblick.

Als eine gute Stadt für Prosa erscheint diese Stadt, während wir an der rot, grün, golden und weiß in der Sonne schimmernden Mauer des Chinagartens vorüberflanieren;

jetzt im Winter ist er geschlossen, und zu Frau Bachmanns Zeiten existierte er noch nicht. Wir befinden uns auf dem Weg zurück ins Zentrum. Alles hier erscheint so übersichtlich und klar geordnet, der fest gefügte und schöne Rahmen, so kommt es uns vor, könnte auch innere Konfusion und Aufgeregtheit sanft in eine Ordnung drängen – einfach, weil alles hier so ist oder jedenfalls doch zu sein scheint. Weiter den See hinauf aber ist die Schriftstellerin fünfzig Jahre zuvor mit ihrem Lebensgefährten gezogen, alles spielte sich immer an diesem, dem linken Seeufer ab, und das so offensiv übersichtliche Dorf Uetikon könnte den ordnenden Einfluss schon wieder zum Kippen gebracht, könnte zu Aufruhr und Unruhe schließlich gerade herausgefordert haben. Da sollte die kleine Ausweichwohnung in der Kirchgasse womöglich Entlastung bringen – und Entlastung gewiss auch davon, dass man im stillen Uetikon so unausweichlich aufeinander verwiesen war.

Eine kleiner Rettungsversuch also vielleicht: Kirchgasse 33, mitten im Zentrum gelegen, dem religiös beherrschten Herzen der Stadt: drei Minuten Gehweite vom doppeltürmigen Großmünster entfernt, der Kirche Zwinglis, der in derselben Kirchgasse seine «Amtswohnung» hatte und «am 11. October 1531 mit dem Heere der Zürcher nach Kappel aus(zog), wo er für seinen Glauben starb», so sagt es die Gedenktafel an der Hauswand. Hier zu wohnen war nicht nichts, in diesem steil bergan führenden, schmalen Gässchen, an dessen unterem Ende das Antiquariat liegt, wo unter anderen herausragenden (und herausragend teuren) Ausgaben Ingeborg Bachmanns

«Briefe an Felician» ausliegen, und das noch von weiteren Antiquariaten gefolgt wird, einer Bücherschatztruhe nach der anderen. Einmal links, dann wieder rechts des Wegs liegen sie, der bald immer steiler hinaufführt, hindurch zwischen dreistöckigen Gebäuden der massiven Art, nicht wenige von ihnen hier sind Hunderte von Jahren alt, sind geschmückt mit hölzernen oder steinernen Erkern verziert, mit Vorbauten und kleinen Säulen an den Fassaden und in gedeckten Farben bemalt, manche auch noch beschriftet, und ganz oben, am Ende der Gasse, dort, wo sie schon auf den Hirschengraben stößt und sich auf einen kleinen Platz weitet – unten fließt träge der Limmat und von hier oben schaut man direkt auf die Berge –, lesen wir auf einer steinernen Tafel an der beigefarbenen Hausmauer, dass dieses Gebäude aus dem 13. Jahrhundert stammt, für Jahrhunderte im Besitz der Familie Manesse war und später dem Staatsschreiber Gottfried Keller Wohnung bot – siehe da, im vierten Stock leuchtet tatsächlich eine goldene Lyra vom Balkongitter.

Das Prächtigste dieser Häuser mit riesiger massiver Holztür und im Vergleich dazu puppenstubenhaft winziger Messingklinke, diese Trutzburg gegen welchen von außen anrückenden Feind auch immer war es also, in der Ingeborg Bachmann Anfang der sechziger Jahre ein kleines Apartment bezog – damit hatte das Paar Bachmann-Frisch nun drei Wohnadressen, keine davon weniger privilegiert als die andere: in Uetikon am See die eine, in Rom in der Via Giulia und dann in der Via de Notaris die andere, und schließlich diese hier, in der Kirchgasse Nummer 33. Mit allen Anzeichen bis heute anhaltender Verliebtheit und

Bewunderung für die berühmte Dichterin – ihr erster Prosaband war zu diesem Zeitpunkt noch nicht erschienen – erinnert sich der Züricher Schriftsteller Peter Wehrli an ein «Hausfest», das im Frühsommer 1960 in diesem Gebäude stattgefunden hatte.

«Alle Bewohner des vornehmen Hauses hatten ihre Wohnungstüren zum Empfang der Festgäste geöffnet», und der einundzwanzigjährige Germanistikstudent Wehrli erblickte unter den Gästen voller Staunen «einen leibhaftigen Max Frisch» sowie den Verleger Ingeborg Bachmanns, Klaus Piper. Während zwei Jazz-Pianisten für Live-Musik sorgten und überall reger Partybetrieb herrschte, gab es «im zweiten Stock nur eine (Tür), die nicht offenstand, die nur angelehnt war. (...) Auserwählt kamen uns die Gäste vor, die sich da – erlesene Schar – im Halbkreis um die dunkelblonde Frau scharten. Kein lockeres Gelächter wie in den anderen Wohnräumen, da drin schienen ernsthaftere Dinge besprochen zu werden (...) Als scheu und zurückgezogen schilderten die eingeweihten Gäste die Bewohnerin jener Wohnung im zweiten Stock; dass ihre Scheu aber nie abweisend war, das wusste jeder zu betonen, der ihr schon in der Enge des Fahrstuhls gegenübergestanden hatte» – Ingeborg Bachmann war's, «deren Ruhm und Rang sie in unseren Augen älter und vor allem würdevoller erscheinen ließen als die Dreiunddreißigjährige, die sie war.»[52]

Eines von vielen Zeugnissen ist dieser Bericht von einem Abend in der Kirchgasse 33, die zeigen, wie die Aura der Dichterin funktionierte: wie noch jedes Kopf-in-die-Hand-Betten («die Hand, in die sie beim Zuhören den

Kopf stützte, bedeckte die untere Seite ihres Gesichts, wuchs aus zum schützenden Verschlag, mit dem sie sich aufdringlicher Nähe erwehrte»), wie noch jeder kleine Satz bestätigte, was man ihren Gedichten bereits abgelesen hatte: «Wo ihre Antwort aus Worten war, aus langsam artikulierten und durch Pausen voneinander abgetrennten Wörtern, da sprach sie mit derart bedachter Sorgfalt, als widerhalle jedes Wort in störendem Echo…»[53]

Die Aura als Schutz vor unerwünschter Nähe und weit ausgespannter Projektionsschirm zugleich für die Wunschvorstellungen des Betrachters – aus der Mitte seiner unversehrten Bewunderung sprechend, hat der Zeitzeuge hier exakt beschrieben, wie der «Mythos Bachmann» sich gleichsam aus sich selbst heraus immer neu auflud. Die Wirkung auf das Publikum im weitesten Sinne war auch in den sich umdüsternden Züricher Tagen ungebrochen, die gesellschaftliche Fassade zudem perfekt. Das Wesentliche aber, und davor konnte auch die gut imprägnierte Außenhaut dieser Beziehung nicht schützen, fand in deren Innerstem statt, unaufhaltsam katastrophal, auf beiden Seiten: Eifersucht, Misstrauen, Konkurrenz, Betrug. Das letzte Wort hatte, wie sollte es anders sein, die Literatur.

Die betrogene «Lila» im «Gantenbein»-Roman, die vom Betrug weiß und die andere Frau sogar kennt und trifft, nennt der Erzähler «eine großartige Frau», und er fragt sich besorgt, ob «Svoboda», der dritte männliche Held des Buches, dies denn nicht wisse. Der hält dagegen: «Der naturhafte und durch keine Gleichberechtigung tilgbare Unterschied zwischen Mann und Frau bestehe darin», doziert er, «dass es immer der Mann ist, der in der Umar-

mung handelt. Er bleibt er selbst, und das weiß die Frau; sie kennt ihn. Sie will gar nicht wissen, was sie erraten kann. Umgekehrt weiß der Mann keineswegs, wie eine Frau, wenn sie weg geht, in der Umarmung mit einem anderen ist; er kann es überhaupt nicht erraten. Die Frau ist ungeheuer durch ihre fast grenzenlose Anpassung (…) Als könne er, wenn er umarmt, je sehr anders sein! Darauf beruht die Großmut der gescheiten Frau, ihre unerträgliche Großmut, die uns an unsere Begrenztheit erinnert.»[54]

In ihrem «Malina»-Roman hat Ingeborg Bachmann auf diese Tirade eine sarkastische Antwort formuliert, und es ist nur eine der zahlreichen Passagen dieses Buches, in denen die Autorin mit dem früheren Lebensgefährten auf literarischer Ebene weiterkommuniziert, ihm entgegnet. Was in Frisch-Svobodas Monolog über die in ihrer grenzenlosen Anpassung ungeheuren Frauen allerdings noch wie eine tief ernsthafte Erkenntnis über das Wesen von Mann und Frau klang, wird in Bachmanns Roman nun in einer Parodie auf den platonischen Dialog aufgelöst, die Ich-Erzählerin übernimmt darin die Rolle und den Welterklärungsgestus des Sokrates.

«Die Männer sind nämlich verschieden voneinander», hebt sie im klassischen Tonfall an, «und eigentlich müßte man in jedem einzelnen einen unheilbaren klinischen Fall sehen, es reicht also keineswegs aus, was in den Lehrbüchern und in den Sachbüchern steht, um auch nur einen einzigen Mann in seiner Elementarität zu erklären und zu verstehen. (…) Es muß ja einen Menschen schon in die Krankheit führen, wenn er selber so wenig Neues erlebt, sich immerzu wiederholen muß, ein Mann zum Beispiel

beißt mich ins Ohrläppchen, aber nicht, weil es mein Ohrläppchen ist, oder weil er, vernarrt in das Ohrläppchen, unbedingt hineinbeißen muß, sondern er beißt, weil er alle anderen Frauen auch in die Ohrläppchen gebissen hat, in kleinere oder größere, in rotblaue, in blasse, in fühllose, in gefühlvolle, es ist ihm völlig gleich, was die Ohrläppchen dazu meinen. (...) Für ihn ist es ja leicht, wenig an die Frauen zu denken, denn sein krankes System ist unfehlbar, er wiederholt, er hat sich wiederholt, er wird sich wiederholen. Wenn er gerne Füße küsst, wird er noch fünfzig Frauen die Füße küssen, warum soll er sich also beschäftigen in Gedanken, bedenklich wegen eines Geschöpfs, das sich zur Zeit gern von ihm die Füße küssen lässt, so meint er jedenfalls. Eine Frau muß aber damit fertig werden, dass jetzt ausgerechnet ihre Füße an der Reihe sind, sie muß sich unglaubliche Gefühle erfinden und den ganzen Tag ihre wirklichen Gefühle in den erfundenen unterbringen, einmal, damit sie das mit den Füßen aushält, dann vor allem, damit sie den größeren fehlenden Rest aushält, denn jemand, der so an Füßen hängt, vernachlässigt sehr viel anderes.»[55]

Auf solch bitteren Witz reagierte Max Frisch noch einmal sieben Jahre später – Ingeborg Bachmann ist seit fünf Jahren tot – in seinem Erinnerungs-Roman «Montauk». In diesem in vieler Hinsicht beeindruckenden Versuch, in unsentimentalen Beobachtungen und Stenogrammen aus gleich mehreren misslungenen Beziehungen sein «Leben als Mann» zu rekonstruieren, heißt es abschließend zum Leben mit Ingeborg Bachmann: «Das Ende haben wir nicht gut bestanden, beide nicht.»[56] Es ist das Mindeste, was man wird sagen können. Hinzufügen ließe sich: Für die Autorin, die auf ein imaginäres und faktisches Zürich in Gestalt Max Frischs ihre Existenz gesetzt und nicht wenig vom Erwarteten darin tatsächlich auch gefunden hatte (allerdings in der rigorosen Durchschnittlichkeit und Selbstbezogenheit des männlichen Gegenübers die Kehrseite des noblen Bürgerwesens eben auch) –, für die nun Siebenunddreißigjährige war es die Lebenskatastrophe.

Dennoch: Abgestürzt im freien Fall in Depressionen und seelische Zustände extremer Art, vor denen gerade diejenigen Medikamente sie retten sollten, die sie schließlich ums Leben brachten, wählte die Schriftstellerin Ingeborg Bachmann den einzigen Weg ins Freie, der sich ganz und gar auf ihre eigenen Qualitäten gründete. Mit der Arbeit am «Todesarten»-Komplex, die nun beginnt, fasst sie die Tatsachen ins Auge, die sie als Ursachen und Folgen des Züricher Lebenseinbruchs erkennt, und ordnet sie einer Kette historisch und gesellschaftlich begründeter Zwangsläufigkeiten zu – es entsteht eine Trilogie der Vernichtung wie des Verschwindens des Weiblichen in seiner herkömmlichen Definition.

«Es ist immer Krieg. / Hier ist immer Gewalt. / Hier ist immer Kampf. / Es ist der ewige Krieg.»[57] So endet das zweite Kapitel des Romans «Malina». Es ist «Der dritte Mann» überschrieben und exekutiert die Beziehung zwischen Männern und Frauen in surrealen Traumszenen: Bachmanns Konsequenz aus einem Leben in der von ihr sogenannten «Welt der Biedermänner».[58]

3 Berlin

Die Bushaltestelle heißt «Hasensprung» und ist nicht weit vom Grunewald gelegen. Man könnte hier gleich in den kleinen Pfad einbiegen, nach dem die Busstation benannt ist, er führt hinunter zu einem Gewässer, dem Königssee, der hier so schmal wird, dass eine kleine Brücke die Ufer ohne Weiteres verbinden kann. Wieder ein See also, wieder eine vornehme Gegend, wieder Ruhe, Noblesse und Saturiertheit, nur wirkt hier alles nun viel kleiner, der See allemal. Die Häuser sind näher zusammengerückt, der Umgang untereinander bleibt dabei zugleich jedoch auch anonymer: Berlin eben, die ehemalige Weltstadt. Von der Haltestelle «Hasensprung» kann man freilich nicht nur den Weg über den See nehmen, man könnte auch unmittelbar in die Auffahrt zu einem an dessen Ende dräuenden eckigen und verwinkelten Gebäude einbiegen – an der einen Seite ist es drei, an der anderen vier Stockwerke hoch und verfügt über mehrere Hauseingänge. Hier hat Ingeborg Bachmann seit dem Frühsommer 1963 gelebt, bis sie Berlin 1965 im Herbst wieder verließ, nun für immer nach Rom.

Unter der Adresse des Hauses, Königsallee 35, verbirgt sich ein seltsamer Ort. Von hohen alten Bäumen umstanden ist der Bau, der da im Hintergrund unvermittelt wie ein Spukschloss aufragt, weit zurückgesetzt von der Straße liegt es und scheint architektonisch mit keinem der großbürgerlichen Anwesen verwandt, die dem Viertel ringsum das Gepräge geben. Da mag auch unten vor der bis in den ersten Stock hinauf geklinkerten Hauswand die «Kindergruppe Hasensprung» anzeigen, dass dies hier unter den Buchen ihr Spielplatz ist, mit einem soliden hölzernen Wigwam in der Sandkiste und einem in kunterbunten Farben bemalten Fahrradständer dazu – es will sich nicht das Gefühl einstellen, hier möchte einer länger bleiben, womöglich für Jahre hier wohnen. Eine ähnliche Stimmung hält auch ein Text fest, den die Autorin im Jahr 1964 während der Vorarbeiten zu ihrer Büchnerpreis-Rede formuliert. Erst kürzlich ist sie von einer mehrwöchigen Wüstenreise aus Ägypten zurückgekehrt, da wird ihr das Zwielicht dieser Gegend, namentlich das Haus hinter den hohen Bäumen, nur noch düsterer erschienen sein, das Geviert um den Königssee aufgeladen mit historischen Reminiszenzen an die deutsche Mörder-Geschichte. «So still ists geworden und Nacht», heißt es in dem Prosastück, das hier entstand. Seit damals war niemand mehr auf der Straße. Versandet und verwachsen sind die alten Villen, sinken immer tiefer ein in den Gärten. Am Knie der Koenigsallee fallen, jetzt ganz gedämpft, die Schüsse auf Rathenau. In Plötzensee wird gehenkt. In der Telefonzelle rollen die Pfennigstücke – alle umsonst eingeworfen – unter wieder heraus. Es kommt keine Verbindung zustande.»[59]

Dies könnte auch im konkreten Sinne gelten – an der Bushaltestelle «Hasensprung» befindet sich tatsächlich bis heute eine Telefonzelle, und Frau Bachmann besaß in Berlin lange kein Telefon. In der übertragenen Bedeutung aber stimmte es ebenso: Inneren Kontakt zu dieser preußisch-sandigen Gegend und ihren Bewohnern mitsamt deren finsterer Geschichte aufzunehmen, schien ihr fast unmöglich. Allerdings: Für Ingeborg Bachmann, die in

Berlin seit dem Frühjahr 1963 dank ihrer amerikanischen Beziehungen ein komfortables Stipendium der Ford Foundation bezieht (ein zweites ging an den polnischen Schriftsteller Witold Gombrowicz) – für Ingeborg Bachmann also ist dies hier nach der Katastrophe von Zürich erst einmal die Rettung; und es dürfte wiederum auf gute Kontakte in der Stadt zurückgehen, dass sie in dieser Gegend, diesem Haus eine Wohnung bekam.

Nach ersten Wochen in einem der Gäste-Ateliers der Westberliner Akademie der Künste am Tiergarten ist sie hierher umgezogen, und die Lage des neuen Quartiers hat, außer dass der Upper-Class-Bezirk ruhig, grün und trotz seines Vorstadtcharakters nicht allzu weit vom westlichen Zentrum der geteilten Stadt entfernt ist, noch den besonderen Vorteil, dass die Martin-Luther-Klinik ganz in der Nähe liegt – mit ihrem VW, einem materiellen Überbleibsel aus der Beziehung mit Max Frisch, kann Ingeborg Bachmann, wenn es nötig ist, im Nu dort sein. Und sie ist öfter dort: In dieser Klinik hat angeblich das Experimentieren mit den verheerenden Tablettencocktails angefangen. Deren Wirkung beschwören nicht nur die von den Erben der Autorin aus dem Nachlass veröffentlichten Gedichte.[60] Auch die Büchnerpreis-Rede «Ein Ort für Zufälle», die 1968 zuerst – mit 13 Zeichnungen von Günter Grass – als «Quartheft» im Berliner Wagenbach Verlag erschien, ruft die Zustände der Exaltation und angstvollen Sinnesverwirrung lebhaft vor Augen. Nach den seelischen Verletzungen der Züricher Zeit muss nun der Körper dran glauben, damit das Schreiben weitergehen kann.

«In Berlin sind jetzt alle Leute in Fettpapier gewickelt.

Es ist Maiensonntag (...) Die Männer öffnen die Flaschen mit den bloßen Händen, sie drücken mit dem Handballen die Verschlüsse auf. Einige Männer rufen befriedigt in den Wald: Wir schaffen es schon. Die Frauen in den Fettpapieren erwecken Mitleid, manche dürfen aus dem Papier und sich mit den fettigen Kleidern ins Gras setzen. Dann dürfen auch die Kranken an Land gehen. Wir haben so viele Kranke hier, sagt die Nachtschwester und holt die überhängenden Patienten vom Balkon zurück, die ganz feucht sind und zittern», heißt es in Ingeborg Bachmanns Dankesrede von 1964, die ein eigenständiger literarischer Text war, eine Erzählung im rasant getakteten Beobachtungs-Stakkato. «Die Nachtschwester hat schon wieder alles durchschaut, sie kennt das mit dem Balkon, wendet den Griff an und gibt eine Spritze, die durch und durch geht und in der Matratze stecken bleibt, damit man nicht mehr aufstehen kann. Das letzte Passagierflugzeug fliegt ein, es gibt noch die Tropfen, dann muß Ruhe sein; die Luftpost und Luftfracht später ist kaum mehr zu hören.»[61]

Eine Stadt als Irrenhaus, die Bewohner als dessen Insassen. Feuer, Erdbeben und Explosionen fahren in diese Anstalt, die die Stadt Berlin in der überreizten Wahrnehmung Ingeborg Bachmanns ist. Und selbst wenn alles mit rechten Dingen zuzugehen scheint, beim geordneten Warenhandel etwa in den Kaufhäusern «Neckermann» oder «Defaka», ist das Unheimliche und Bedrohliche doch immer noch gegenwärtig: «Im Café Kranzler, bei gelöschtem Licht, obwohl Nacht ist, kauen an allen Tischen die alten Frauen, mit Filzhüten auf dem Kopf, an ihren Kuchenstücken, sie nehmen oft zwei gleichzeitig in den Mund, weil niemand es sehen kann. (...) Im Kranzler halten die Frauen die Filztöpfe fest über die Augen gezogen, sie kauen und greifen zu, seit damals.»[62] Das «Damals» ist in dieser Stadt nicht loszuwerden. Erinnerung, selbst wenn man sie nicht haben, von ihr keinen Gebrauch machen will, drängt sich auf, an Orten wie in Gestalt der Menschen, die sie bevölkern, jeder Blick, jede Begegnung eine Konfrontation mit Assoziationen an Vergangenes. Dies genau ist aber seit den Berliner Tagen ohnedies Ingeborg Bachmanns Thema: ein weibliches Ich in den Trümmern seiner Existenz, das in mühsamer Konzentration seine Bestände zusammensucht. In dieser Stadt, in die es sie eher verschlagen hat, als dass sie sie gewählt hätte, verdoppelt es sich nun: Was hier außen ist, ist immer auch innen, die Geschichte hält sich im Ich selbst auf, wie in den Körper eingetragen. Und das Schreiben im Spukhaus in der Berliner Königsallee 35 ist die einzige Möglichkeit, der Gespenster einigermaßen habhaft zu werden: ihnen einen Namen und eine Geschichte zu geben. Vielleicht lassen sie sich so bannen.

Die Klinik und die Kuren sind das eine, was in den Berliner Jahren an äußeren Maßnahmen auf das versehrte Ich der Autorin Bachmann angewendet wird, möglichst, um es zu heilen, wenigstens aber, um es ruhig zu stellen. Das andere sind die traditionellen gesundheitlichen Maßnahmen, die jeder aus der Kinderzeit kennt: «Viel Bewegung an frischer Luft» heißt das Rezept, und Ingeborg Bachmann, erstaunlich genug, befolgt es (und dies, wie wir gesehen haben, nicht nur in Berlin, sondern noch darüber hinaus in den römischen Jahren, mit ihren Spaziergängen in der Campagna und Radfahrten in der Villa Borghese). In

Berlin aber wird erst einmal der «Radfahrclub» ins Leben gerufen, denn da gibt es nicht nur zwei ritterliche Herren, die der sportlichen Initiative einer Dame aus Zuneigung Folge leisten; die Herren selbst, da mehr als zuträglich dem Biergenuss verfallen, können ein bisschen Training ebenfalls gut gebrauchen. Hans Werner Richter, Gründer und Chef der Gruppe 47, und Uwe Johnson, der Ingeborg Bachmann Anfang der sechziger Jahre während seines Aufenthalts in der Villa Massimo in Rom kennengelernt hatte, werden zu Trainingspartnern der Schriftstellerin. Lenkte sie ihr funkelnagelneues Fahrrad durch den «Hasensprung» hindurch, rechts in die Wissmannstraße hinein und hier nur noch ein wenig geradeaus, stieß sie rasch auf die Erdener Straße, wo Hans Werner Richter mit seiner Frau in der früheren Villa des Verlegers Samuel Fischer wohnte; Uwe Johnson wiederum radelte aus dem weiter entfernten Friedenau heran.

«Ein oder zweimal in der Woche fuhren wir hinaus ins Grüne, und selbst gelegentlicher Schneefall im ausgehenden Winter hielt uns nicht zurück», schreibt der gewählte «Präsident» des Radfahrclubs in seinen Erinnerungen. «Der Grunewald war nicht weit entfernt, nur ein paar Meter, wir fuhren am Bahnhof Grunewald vorbei, an einem Tattersall[63], an Reitern, die sich mühsam auf recht knochigen Pferden abplagten, und fühlten uns auf unseren Rädern weit überlegen. Sie waren neuester Bauart, zuerst hatte sich Ingeborg eines gekauft, dann ich, dann Uwe. Sie fuhren, wie Uwe einmal sagte, fast von allein. Man brauche, meinte er, nur zu treten. Bergauf war es schon etwas mühsam, aber der Grunewald hat ja keine Berge, und kleineren Hügeln fuhren wir meistens aus dem Weg. Uwe, unser Vormann, hatte einen sicheren Instinkt dafür, er fuhr solchen Hindernissen aus dem Weg, bevor wir sie wahrgenommen hatten. Dichteres Unterholz scheuten wir nicht. Unter herabhängenden Zweigen, die man aus dem Gesicht wischen musste, fühlte auch Ingeborg sich wohl. Manchmal, wenn sie Kopfschmerzen hatte, was in dieser Zeit öfter vorkam, fuhren wir sehr langsam und warteten auf ein Zeichen von ihr, dass die Schmerzen nun vorüber seien und wir wieder schneller fahren könnten, was wir dann auch sofort taten. (...) Ich wunderte mich manchmal, dass ihr Rad nicht zusammenbrach, die Speichen nicht aus den Felgen sprangen, die Reifen nicht platzten, immer erwartete ich irgendein Malheur, ein kleines wenigstens – aber es geschah nicht. Ihr Fahrrad hielt alle Strapazen aus, schien immer sorgfältig gepflegt, so, als sei ein dienstbarer Geist für sie tätig. Sie erschien pünktlich an den vereinbarten Treffpunkten und hielt alle Verabredungen ein. (...) Auch wenn wir schnell gefahren waren, schien sie hinterher nicht abgespannt, nicht ausgepumpt und nicht abwesend. Hier in unserem Club war sie ganz Realistin, immer gegenwärtig, immer ganz da. Die Augenblicke ihrer Verwirrung (...) – hier blieben sie aus, hier war sie nicht hilflos, wie sonst so häufig. (...) Auf den Rädern schien alles anders zu sein, dort war sie für ein oder zwei Stunden nur eine Frau wie jede andere, eine Frau, der ein Arzt das Radfahren verschrieben hatte.»[64]

Doch nicht nur hoch zu Fahrrad nahm es die Dichterin mit der Umgebung auf, in die sie hier geraten war. In ihren Berliner Jahren kehrte sie überdies zum Dasein einer politisch engagierten Intellektuellen zurück, und auch dies lag buchstäblich nahe: Im gutbürgerlichen, etwas langweiligen Berlin-Friedenau befand sich ein nicht ganz zufällig, nämlich durch die Wahl des gemeinsamen Wohnviertels zustande gekommenes Zentrum von Autoren der Gruppe 47. Nicht nur Uwe Johnson hatte seine Arbeitswohnung in der Niedstraße, die Familienwohnung befand sich ein paar Ecken weiter in der Stierstraße, auch für Günter Grass, Klaus Roehler oder Reinhard Lettau hatte er annehmliche Wohnungen und Häuser gefunden. Nun bereiteten Johnson, Grass und Ingeborg Bachmann als deutsche Mitglieder eines international besetzten Redaktionskollektivs die Kultur-Zeitschrift «Gulliver» vor, an der auch italienische und französische Autoren beteiligt waren. Das Redaktions-Hauptquartier lag in Paris, erscheinen sollte die Zeitschrift in Siegfried Unselds Suhrkamp-Verlag als ein Forum intellektueller und literarischer Debatten wie neuer literarischer Texte – nicht nur Henry Kissinger und ihren Pariser Freund Pierre Evrard, sondern auch ihren späteren Verleger Unseld kannte Ingeborg Bachmann aus Henry Kissingers Summer Course in Harvard im Jahr 1955.

Man arbeitete intensiv am Zustandekommen des Zeitschriftenprojekts (das etliche Zeit später, ohne dass das Blatt auch nur einmal erschienen wäre, an den Schwierigkeiten der internationalen Kooperation zerbrach). Man schaltete sich von Berlin aus aber auch zunehmend aktiv in die politischen Fährnisse der sklerotisierten Bonner Republik ein: Auf die Äußerung des CDU-Politikers Josef-Hermann Dufhues, die Gruppe 47 fungiere als eine «Reichsschrifttumskammer» der Bundesrepublik, reichten die

Gruppenmitglieder bei Gericht Klage ein, auch Ingeborg Bachmann unterschrieb den Antrag. Und wie sie sich schon 1957 an der Bewegung gegen die atomare Bewaffnung der Bundeswehr beteiligt hatte, so nahm sie nun an der Kampagne gegen die Verjährung von NS-Verbrechen teil, unterstützte gemeinsam mit Hans Werner Henze und anderen Intellektuellen und Künstlern den Wahlkampf von Willy Brandt, wurde zusammen mit Hans Magnus Enzensberger in den Vorstand der Europäischen Schriftstellergemeinschaft COMES gewählt und unterzeichnete im Dezember 1965 schließlich die Erklärung gegen den «Terror in Vietnam», der zu einer sofortigen Beendigung des Vietnamkriegs aufforderte – an dessen Eskalation unter dem Einsatz immer brutalerer chemischer Waffen Bachmanns Freund Henry Kissinger bekanntlich nicht schuldlos war.

Berlin bedeutete für die Autorin also – im Unterschied zur eher zurückgezogenen Phase in Zürich und Rom Ende der fünfziger, Anfang der sechziger Jahre –, wieder mitten im literatur-politischen Geschehen zu sein. Die Isolation, wenigstens die äußere, war aufgehoben, auf Frau Bachmanns eigene Initiative. Und auch die Zusammenarbeit mit Hans Werner Henze, in der späten Zeit mit Max Frisch gänzlich zum Erliegen gekommen, begann nun von Neuem. Schon im September 1963 nahm sie als Librettistin die Arbeit an der gemeinsamen Oper «Der junge Lord» auf, die noch einmal dadurch begünstigt wurde, dass nicht nur der Lyriker-Freund aus den Ischia-Tagen, W. H. Auden, sondern auch der Komponist ein Berliner Stipendium der Ford Foundation erhielt. «So (befanden wir uns) zufällig alle drei im Winter 1964/65 in Berlin», erinnert sich Henze, «und (wohnten) alle drei im Grunewald: er in der Hagenstraße, sie am Hasensprung und ich nur ein paar Minuten von der Inge entfernt, in der Trabener Straße, wo ich bis Frühsommer 1964 den ganzen ersten Akt des ‹Jungen Lord› zu Papier bringen konnte. ‹Aber am See entsteht eine Musik, rasch hingeworfen …›, schreibt die Ingeborg in ‹Ein Ort für Zufälle›, ihrer tief beklemmenden Trauermusik aus dem Jahr 1964.»[65]

Auf einem Foto aus dieser Zeit sehen wir sie auf einem Biedermeiersofa in ihrer Wohnung in der Königsallee sitzen, in der ungesundestmöglichen Haltung (und natürlich brillenlos) auf ein in die Schreibmaschine eingezogenes Manuskriptblatt blickend, die Maschine selbst ruht auf einem Stoffuntersatz und am linken Bildrand ist ein Biedermeierschränkchen zu erkennen, mit hübschen kleinen Kaffeetassen darin – ein Biedermeier-Ensemble, das ist die Wohnungsausstattung der Frau Dr. Bachmann der Berliner Jahre; hier angeschafft und aufgearbeitet, sollen die Möbel in der Wohnung im Gespensterschloss offenkundig für repräsentative Eleganz, aber auch für so etwas wie Gemütlichkeit, vielleicht sogar Heimeligkeit sorgen. Doch ist es eine etwas kalte Pracht und deren kunsthistorische Bezeichnung ohnedies himmelweit entfernt von dem, was die Autorin in dieser Phase tut und schreibt. Die Arbeit an den «Todesarten» hat in ersten Ansätzen schon 1962 begonnen; nun wird sie zum Zentrum ihrer literarischen Projekte.

«Ein Buch» soll dies sein, «das aus mehreren Büchern besteht (…), ein Kompendium der Verbrechen, die in unserer Zeit begangen werden (…). Die Verbrechen, die ich meine, sind die einer hohen Zivilisation, die ihres Raffinements wegen, und, wenn man so will, ihres Grades an Intellektualität wegen, täglich um uns vor unseren Augen heimlich und straflos begangen werden. Durch die gesellschaftliche Oberfläche, die Vorsichtsmaßregeln der (Beteiligten), die Besorgnisse und Heucheleien sieht man sie zwar hin und wieder schimmern, ohne sich aber ihre Häufigkeit und ihr Ausmaß bewusst zu machen»[66] – so heißt es in einem Versuch Ingeborg Bachmanns, ihrem Publikum das ausgreifende Vorhaben zu erklären. Von einer etwa gegen die Person Max Frischs gerichteten Racheschrift kann also keine Rede sein, ein derart eingeschränkter Erzählradius wäre nicht in Frage gekommen. Vielmehr geht es um eine Gesellschaftsanalyse mit literarischen Mitteln, entwickelt aus der kleinsten sozialen Einheit heraus, der Beziehung zwischen Männern und Frauen. Diese Lebensform bildet im Roman den elementaren «Mordschauplatz», der die westliche Gesellschaft historisch gleichsam unterwuchert und durchwurzelt hat, der sie definiert, ganz alltäglich und jenseits der in den Geschichtsbüchern verzeichneten großen Menschheits-Verbrechen. Den Beziehungs-«Krieg», die Beziehungs-«Gewalt» sowie deren genau berechnete psychologische Mittel sieht die Autorin als die immer schon privat installierte Grundlage politisch motivierter Massenmorde.

Das Material für dies allein dem Umfang nach enorme Unterfangen kommt aus den verschiedensten Quellen. Deren eine, die für die Entstehung des Romans «Der Fall Franza» grundlegend wird, entstammt der Wüstenreise, die Ingeborg Bachmann von Berlin aus im Frühjahr des Jahres

1964 unternimmt. Im Januar hat sie hier Adolf Opel kennengelernt, einen jungen Österreicher, der ihre Telefonnummer auf einer Party in der Deutschen Oper erbeutet hat – «ein unkomplizierter, ganz selbstverständlicher Vorgang offenbar, wenn man nur an der richtigen Stelle fragt»[67], wie Opel, glückspilzstolz, notiert. Die Telefonnummer ist zwar, wie sich herausstellt, gar nicht diejenige von Frau Dr. Bachmann (die besitzt kein Telefon in der Königsallee, wie wir wissen). Der junge Mann, eine Art Gustav Gans des Beziehungswesens, erreicht sie durch einen glücklichen Zufall trotzdem und nimmt kurz darauf auf dem Biedermeiersofa der Dichterin Platz. «Ich sitze ihr gegenüber, vor uns steht in vollendeter Perfektion der versprochene Tee in einem feinen englischen Service; auch Gebäck gibt es dazu. Ich spreche sie mit ‹Frau Doktor› an, auch mit ‹Gnädige Frau›, wie man es in Wien gewohnt ist», schreibt Adolf Opel in seinem Text- und Bilderbuch über «Ingeborg Bachmann in Ägypten.»[68] Der Leser ahnt nach diesem zierlich-konventionellen Entree bereits, dass es bei Tee, Gebäck und der Anrede «Frau Dr.» hier wohl nicht bleiben wird.

Adolf Opel, neun Jahre jünger als die Autorin, war Mitte der fünfziger Jahre in Wien mit einem Theaterstück als eine Art literarisches Wunderkind aufgefallen, nun reiste er als Journalist in der Welt umher, charmant, gut aussehend und mittlerweile wohl vor allem ein Kontaktwunder, wenn man die Leichthändigkeit sieht, mit der er sich in Berlin Zugang zur privaten Ingeborg Bachmann verschaffte. Etliche Jahre nach dem Ende des so gediegen einsetzenden Verhältnisses – und noch zu Lebzeiten Bachmanns – veröffentlichte er im Wiener «Kurier» dann eine «lustige Geschichte» darüber, wie er der Dichterin während ihrer gemeinsamen Reise nach Prag einmal einen jungen Mann aufs Hotelzimmer geschickt hatte – für den Leser unschwer als die Übersendung eines Lustknaben aufzuschließen.[69] Doch entpuppte sich diese Story aus dem intimen Nähkästchen noch einmal ein Vierteljahrhundert später als nur ein zarter Vorgeschmack auf sein größeres Projekt. In seinem «Ägypten»-Buch lieferte der ehemalige Liebhaber die Komplettversion seiner Beziehung mit der Dichterin: im Bett mit der «Sphinx».

«Was sie sich wünschen würde: bei einem Trupp von Straßenarbeitern anzuhalten, die mit nacktem Oberkörper, schweißbedeckt und staubverschmiert, ihrer Arbeit nachgehen», heißt es darin etwa, und sichtlich fällt es dem Autor im Folgenden schwer, die eigenen erotischen Fantasien im Zaum zu halten. «Wie Stricke treten die Adern an ihren muskulösen Armen hervor, mit denen sie infernalisch dröhnende, den Zementboden aufsplitternde Presslufthämmer festhalten; zentaurenhaft scheinen sie mit diesen riesigen Presslufthämmern verwachsen zu sein, Reitern gleich auf wild bockenden Pferden; von diesen fremden Männern, ohne dass ein Wort gewechselt würde (...) vergewaltigt zu werden, von einem nach dem anderen, allen zusammen; eine richtige Orgie. Bei einer richtigen Orgie würde sie zumindest einmal gerne in ihrem Leben dabeisein und mitmachen dürfen.»[70]

Wen wundert's, dass der fürsorgliche Liebhaber nur wenige Tage darauf zwei schöne junge Griechen dabei hat und mit den Worten «Sie haben sich doch immer eine Orgie gewünscht – hier ist die Gelegenheit»[71] an das Bett der Freundin tritt. Und wen würde es erstaunen, dass er, am Ende der Reise schließlich noch einmal selbst in einer Liebesszene auftritt, die in überdeutlichen Zeichen ein sadomasochistisches Ritual beschwört.[72]

In seinem Buch – dessen opulente Fotos übrigens ebenso wie die minutiösen Rekonstruktionen des Beisammenseins erst etwa dreißig Jahre nach den tatsächlichen Ereignissen entstanden – zitiert Opel auch aus dem «Wüstenbuch» der Autorin, das sie nach der gemeinsamen Reise zu schreiben begonnen hatte, später jedoch abbrach und nur ausschnittsweise in «Das Buch Franza» übernahm. In der Tat findet sich hier auch eine literarische Fassung der Orgie eines weiblichen Ich mit drei Männern, nun freilich in die arabische Wüstenregion versetzt. Der darin scheinbar unvermittelt auftauchende Einschub «Die arabische Liebe, amour arabe, l'amour grèque, die griechische»[73], könnte auf die Übertragung der Athener Erfahrung in die ägyptische Roman-Szenerie hindeuten; auch Vergewaltigungsphantasien[74], Schwärmereien für «Männer ohne wirkliche Geheimnisse», für Matrosen und Automechaniker, deren «Schönheit» und «Stummheit»[75], finden sich verschiedentlich in Ingeborg Bachmanns Werk. Doch ändert all dies nichts daran, dass der gewesene Liebhaber sich mit diesem Coffee Table Book der besonderen Art offenbar nachhaltig am Ruhm der Schriftstellerin zu wärmen versuchte: Sex sells.

Was für ein Verhältnis dies tatsächlich gewesen sein mag, das da im Januar des Jahres 1964 mit einer Tee-Zeremonie im biedermeierlichen Ambiente der Königsallee begann, lässt sich nur mutmaßen. Sexuelle Attraktion und die entlastende Unbedenklichkeit des jungen Mannes fallen einem als Erstes zu dem ungleichen Paar ein. Ingeborg Bachmann befand sich inmitten ihrer schwersten Lebenskrise, ein zweimonatiger Klinikaufenthalt zur Behandlung ihrer Medikamenten- und Alkoholabhängigkeit lag noch nicht lange zurück. Doch gerade aufgrund ihrer so unterschiedlichen Verfassung und Lebenssituation konnte der unternehmungslustige junge Mann wohl schließlich derjenige sein, der sie in diesem Winter wieder zum Reisen, zu neuen Erfahrungen ermutigte: Im Januar und Februar 1964 fuhren Opel und Bachmann zunächst zusammen nach Prag, im Frühjahr desselben Jahres dann von Berlin via Athen nach Ägypten.

Im Falle Ingeborg Bachmanns geschahen diese Unternehmungen gegen alle gesundheitliche Vernunft, und doch holten sie sie wieder ins Leben zurück – und eröffneten unversehens auch neue literarische Projekte. Die nach den Prag-Aufenthalten entstandenen Gedichte «Böhmen liegt am Meer» und «Prag Jänner 64» zählen zu den wenigen, die sie in diesen Jahren überhaupt noch schrieb, und jedenfalls gehören sie zu den letzten, die zu ihren Lebzeiten veröffentlicht wurden. Gleich nach der Rückkehr aus Ägypten beginnt sie dann mit der Arbeit am archaischen Bildermaterial dieser Reise, zuerst im sogenannten «Wüstenbuch», das ursprünglich in die Büchnerpreis-Rede eingehen sollte, hernach in der Entwicklung jenes Stoffs, der zum Romanfragment «Der Fall Franza» führen wird. Im Tal der Könige, im Tempel der Hatschepsut, entzifferte Bachmann im Frühjahr 1964 – und sie legt diese Entdeckung später ihrer Protagonistin Franza in den Mund – jene Zeichen, die zum Dreh- und Angelpunkt ihres Romans, schließlich aber zur bestimmenden Metapher für das gesamte «Todesarten»-Projekt werden sollte.

«Mit so unvereinbaren Vorstellungen gingen sie durch die Totenstadt», so beginnt die entscheidende Passage im «Franza»-Roman, «und Martin konnte erst wieder mit Franza reden, als sie die ausgekratzten Zeichen sah in Der el-Báhari, in dem Tempel der Königin Hatschepsut, von der jedes Zeichen und Gesicht getilgt war auf den Wänden, durchgehend die Zerstörung, aber keine durch Plünderer und keine durch Archäologen, sondern zu ihrer Zeit zerstört oder nach ihrem Tod, (von) dem dritten Tuthmosis. Siehst du, sagte sie, aber er hat vergessen, dass an der Stelle, wo er sie getilgt hat, doch sie stehen geblieben ist. Sie ist abzulesen, weil da nichts ist, wo sie sein soll.»[76]

Weil da nichts ist, wo sie sein soll – auf diesen Ausriss einer Beobachtung wird Ingeborg Bachmanns literarische Arbeit sich in den kommenden Jahren konzentrieren. Wie «Der Fall Franza» wird auch der ebenfalls Fragment gebliebene «Fanny-Goldmann»-Roman, nicht zuletzt aber «Malina», die Gelöschte, dort wieder einsetzen, wo sie eliminiert wurde – indem der Prozess ihrer Auslöschung rekonstruiert und beschrieben wird.

Dies alles nimmt vom verbauten und verwinkelten Spukhaus am in Maßen romantischen Königsee in Berlin seinen Ausgang, begleitet nicht nur von gesundheitlichen Zusammenbrüchen, Entziehungskuren und Therapien verschiedenster Art, sondern in der realen Tagwelt immer wieder auch konterkariert durch politische Interventionen und internationale Auftritte der Autorin, durch außergewöhnliche Ehrungen und Erfolge. Der Büchner-Preis, der Ingeborg Bachmann im Herbst 1964 verliehen wird, krönt mutmaßlich noch vor allem die Poetin des vergangenen Jahrzehnts, und ihre Dankesrede, in der die Stadt Berlin als Sinnbild eines kollektiven, mörderischen Wahns erscheint, erschreckt Zuhörer wie Freunde zutiefst. Nicht zuletzt den «kleinen Bruder» Hans Werner Henze, der ihr aus Castel Gandolfo schreibt: «... nun hast Du mich also zum Weinen gebracht. Ich weiss kaum, was ich sagen soll. Es ist sehr schön und ist aber auch so unendlich schlimm und einsam und hingefallen und ich verstehe nun, wie schrecklich alles für Dich ist ...» Zugleich aber zählt Henze zu den wenigen, die verstehen, dass in «Ein Ort für Zufälle» sich «ein erheblich(e)r Schritt» dokumentiert, «weg vom passato und voran, Du bist nun jedenfalls wieder unterwegs, Du hast Dich selber mit Dir selber zum Ritter geschlagen, und kannst Stolz haben und Mut, Sieger-Allüren.»[77]

Als am 7. April 1965 die Oper «Der junge Lord», das Gemeinschaftswerk Ingeborg Bachmanns und Hans Werner Henzes, an der Deutschen Oper Berlin uraufgeführt wird, besteht zu Stolz, Mut und Siegerallüren doppelter Anlass. Die Büchnerpreis-Rede hatte noch ihre persönliche Berlin-Tragödie, die eigene seelische Verheerung und das Grauen vor der historisch kontaminierten Umgebung zum Gegenstand gehabt – wenn alle auf die eine oder andere Art irrsinnig sind, verspricht auch die eigene Flucht in den Wahnsinn keine Rettung mehr. In ihrer zweiten Opern-Zusammenarbeit mit dem Komponistenfreund hatte sich Bachmanns panische Berliner Stimmung schließlich aber ins Komödiantische gewandelt. «Es war unser beider Versuch, über Erlittenes zu lachen», notiert Henze. «Die Aufführung am 7. April 1965 war das, was man einen triumphalen Erfolg nennt. Das Vorhaben meiner Librettistin, ein Erfolgsstück zu schreiben, war durchaus als geglückt zu betrachten. Schon bald konnte die Künstlerin den beträchtlichen Aufwand ihrer Garderobe und des dazugehörigen Schuhwerks vorwiegend mit ihren Einkünften aus dem ‹Jungen Lord› bestreiten.»[78]

So dicht beieinander wie in Ingeborg Bachmanns Berliner Jahren dürften seelische Abstürze in schwärzeste Tiefen, harte, unablässige Arbeit und Auftritte in den luftigsten, festlichsten Höhen selten einmal in einem Leben liegen. Die Zeit zwischen 1963 und 1965 wirkt damit wie ein Scharnier zwischen der so üppigen wie verstörenden Züricher Epoche und der zurückgezogenen letzten Zeit im «erstgeborenen Land», die nun folgen wird. «Hier ist es jeden Tag so grau, dass ich es nicht zu beschreiben vermöchte, man kann weder schlafen noch aufstehen, und ich kann Berlin nicht mögen, ich kann es wirklich nicht»[79], hatte Bachmann, vor ihrem Aufbruch nach Ägypten im Frühjahr 1964, in einem Brief an Adolf Opel geklagt. Diese umdüsterte preußische Periode in der Königsallee 35 ging nun zu Ende. «Der Radfahrclub», berichtet Hans Werner Richter, «bestand nicht lange, nur ein paar Monate, ein ausgehender Wintermonat, ein Vorfrühling, doch als der Frühling beginnen sollte, war eines unserer drei Mitglieder plötzlich verschwunden, war einfach abgereist, nach Rom natürlich, unser einziges weibliches Mitglied: Ingeborg Bachmann.»[80]

Die in Rom nun ihr berühmtes «Doppelleben» beginnen wird. «In dem Augenblick, in dem ich in mein Arbeitszimmer gehe, bin ich in Wien und nicht in Rom», wird sie im Mai 1969 in einer Sendung des Österreichischen Fernsehens erklären. «Das ist natürlich eine etwas anstrengende und schizophrene Art zu leben. Aber ich bin besser in Wien, weil ich in Rom bin, denn ohne diese Distanz könnte ich es mir nicht für die Arbeit vorstellen. Und ich fahre dann hin und wieder nach Wien, um zu sehen, wie es sich verändert hat, inwieweit es nicht mehr übereinstimmt mit dem Wien vor fünf Jahren oder vor zehn Jahren.»[81]

Die Stadt, in der Ingeborg Bachmann ihre Romane und Erzählungen von nun an ansiedelt, ist ein gelebtes wie ein recherchiertes Wien, ist ihre zugleich imaginäre wie reale Kapitale.

III Wien

1

Es ist Winter und Wien leuchtet. Perlenschnüre aus Aberhunderten winziger Glühbirnen verwandeln Geschäfte und Cafés in der Innenstadt in das Interieur eines Märchens im Puppenhaus, Kandelaber und prunkende Lichterbälle scheinen direkt von der Decke eines Ballsaals in die breiten Straßen der Fußgängerzone hinabzuhängen, und hat man die Hofburg durchwandert und schaut über den Heldenplatz hinaus, schimmert in der Ferne das von glimmenden Kordeln gerahmte Rathaus durch die Baumäste, man möchte glauben, es handele sich um das Zauberschloss von «Hogwarts» – Wien in den ersten Tagen des neuen Jahres: eine Suggestion von Wärme, Tradition und Luxus, und für einen Moment will es scheinen, als lebten alle Menschen so, und alles sei in selbstverständlicher Üppigkeit auch immer schon gerade so gewesen.

Ingeborg Bachmann in Rom aber, vierzig Jahre zuvor, sah ein anderes, ein jedenfalls weit weniger prächtiges Wien vor sich, wenn sie das Dasein ihrer Romanheldin Franziska Ranner, und ihres professoralen Gatten, des «Fossils», entwarf, wenn sie sich in einem anderen Romanversuch die Existenz und Geschichte der Burgschauspielerin Fanny Goldmann vor Augen rief, im «Malina»-

Roman dann das weibliche Ich mit dem Geliebten Ivan und dessen Kindern in der Ungargasse im 3. Bezirk zusammenführte oder in ihren letzten Erzählungen Wienerinnen unterschiedlichster Herkunft und Lebensweise porträtierte. Und noch wieder ein anderes, ein von Grund auf anderes Wien war es gewesen, in dem die Studentin Ingeborg Bachmann, nach ersten Studiensemestern in Innsbruck und Graz, im Herbst 1946 angekommen war.

Das Wien des Films «Der dritte Mann» war dies gewesen: zerbombt, besetzt von alliierten Militärs, gleichermaßen zäh auf seiner überkommenen inneren Ordnung beharrend wie neuanfangswütig und, das eben auch, kriminell. Das Burgtheater, die Staatsoper, der Stephansdom waren zerstört oder schwer beschädigt, Wohnhäuser lagen in Trümmern, die Menschen froren und hungerten, Flüchtlinge waren in den Straßen unterwegs – die Stadt, ein Tummelplatz für Ost-West-Spione und Zentrum der «universellen Prostitution»[82], wie Bachmann es zwanzig Jahre später formulieren sollte, eine Kapitale des Schwarzmarkts und ein Ort dazu, an dem, wer konnte, die eigene Beteiligung an jenem historischen Einschnitt verleugnete, dessen sichtbare Hinterlassenschaften die Bewohner Wiens nun in Gestalt ihrer zerstörten Wohnungen und Vergnügungsstätten umgaben: am Nationalsozialismus und dem Zweiten Weltkrieg.

Unter dem Geschichtssediment jener dreißiger und vierziger Jahre aber ruhte, während der vergangenen Dekaden fast verschüttet, die gloriose Geschichte des «Hauses Österreich», wie das Habsburger Reich in Ingeborg Bachmanns Namensgebung Jahrzehnte später hieß. Der Untergang des Imperiums, in dem die Sonne niemals unterging, hatte zwar mit den Schüssen von Sarajewo den Ersten Weltkrieg und damit das Ende der alten Ordnungen herbeigeführt – nach der Zertrümmerung des «Dritten Reichs» jedoch wurde es nun wieder beschworen, als sei kein Tag vergangen: mythische Erinnerung an die eigene Größe und eine Selbstvergewisserung, die geeignet sein sollte, die prekäre Zwischenzeit des freiwilligen Zusammengehens mit Hitler-Deutschland zu überlagern. So war, in geschichtspsychologischer Perspektive, das Wien der unmittelbaren Nachkriegszeit eine Stadt mit nicht nur doppeltem, sondern gleich dreifachem Boden – erst Jahrzehnte, nachdem sie hier die ersten Schritte aus der Heimat-Provinz heraus getan, dann aber schließlich auch den Sprung in eine fast gänzlich fremde Welt gewagt hatte, machte Ingeborg Bachmann genau dies Zeitengemisch zu ihrem Thema und gab den Handlungen der Individuen, die darin zu Schaden kamen oder auch bewusst Schaden hervorriefen, eine eigene Logik.

Zuallererst aber war das Wien des Jahres 1946 das mit aller Energie angestrebte Ziel der ehrgeizigen Studentin aus Kärnten. Kaputt, korrupt und ausgehungert wie die Stadt war, versprach zugleich nur sie Erlösung aus der Umklammerung durch die Provinz und schien als einzige innerhalb des Landes einen Raum zu eröffnen, in dem ein Talent sich sichtbar, möglicherweise sogar unübersehbar entfalten konnte. Die Spielregeln für den Aufstieg aus der Anonymität dürften der eben Zwanzigjährigen bekannt, wenn auch noch nicht geläufig gewesen sein.

«In den Monaten, in denen man nicht geheizt hat, bist

du sehr oft zu mir gekommen, in mein Zimmer, das zu groß ist, um wirklich behaglich und gemütlich zu sein, das mit aller Mühe nur eine nette Ecke bieten kann, das aber hell ist, in das die Sonne hineinknallt, wenn sie scheint, das ohne Visavis und mit seinen weißen Wänden wie gegenstandslos ist, Raum an sich, in dem einige Möbelstücke unverbindlich zu Gast sind. Die andere Ecke, nicht die gemütliche, ist meine Arbeitsecke. Ein fetziger Vorhang an einem lächerlichen Draht verbirgt sie, wenn ich nicht allein bin ...»[83]

So oder doch mindestens ähnlich dürfen wir uns die erste Wohnung Ingeborg Bachmanns im Wien der End-Vierzigerjahre vorstellen – nicht sie selbst allerdings, sondern Hans Weigel, der 1945 gleich nach Kriegsende aus dem Schweizer Exil in die österreichische Hauptstadt zurückgekehrte jüdische Theater- und Literaturkritiker, der alsbald zum Präzeptor der jungen Wiener Nachkriegsautoren wurde, hat sie 1951 in seinem Roman «Unvollendete Symphonie» beschrieben. Und obwohl er die Wohnung vom 3. Bezirk in die Josefstadt verlegt und dem Haus statt der Nummer 26 die Nummer 6 zuteilt, darf man davon ausgehen, dass auch die übrige Kennzeichnung wenigstens in groben Zügen zutraf. Eine junge Künstlerin aus der Provinz ist es, die in diesem Roman von ihrer ersten großen Liebe in Wien erzählt: von ihm selbst nämlich, Hans Weigel. In ihrer Beschreibung des Schauplatzes dieser Beziehung lässt er sie fortfahren: «Mein Haus ist das einzige im ganzen Umkreis, das stehen geblieben ist, und ist seinerseits nur halb. (...) Wie ein Turm steht es da, hat keinen rechten Eingang und eine improvisierte hölzerne

Treppe von der Hinterfront bis zum ersten Stock. Von dort ab kann man das eigentliche Treppenhaus benützen. Die Wohnungen rechts sind intakt, links gehen die Türen ins Nichts. Wo ursprünglich nur Latten als Sicherung dagewesen sind, hat man inzwischen Ziegelmauern errichtet. Wind und Kälte dringen von allen Seiten ein. Ich bin sehr glücklich gewesen, dass ich dieses Zimmer durch Vermittlung von Verwandten nach vielen Schwierigkeiten gefunden habe. Denn ich arbeite viel und brauche dazu Raum und Licht.»[84]

Mit diesen Bestimmungen und dem Roman, dessen räumlichen Rahmen sie abgeben, befinden wir uns also mitten im Nachkriegs-Wien Ingeborg Bachmanns, und das Buch selbst erscheint heute als ein Menetekel jener «universellen Prostitution», in die sich unvermeidlich auch die junge aufstrebende Autorin selbst verwickelte: in dieser «Stadt ohne Gewähr», der «Stadt der frivolen Engel und einer Handvoll versatzamtreifer Dämonen», «der Witzmacher, der Speichellecker, der Spießgesellen» – «für eine Pointe», setzte sie in ihrer Erzählung «Das dreißigste Jahr» gut zehn Jahre später hinzu, wird hier «eine Wahrheit geopfert, und gut gesagt ist halb gelogen».[85]

Ingeborg Bachmann wusste ganz genau, wovon sie da schrieb. Während sie an der Wiener Universität Philosophie im Hauptfach und in den Nebenfächern Germanistik und Psychologie studierte, war sie im Jahr 1947 zum Literatenkreis um Hans Weigel gestoßen, und hier galt beileibe nicht nur für das Mädel aus der Provinz, sondern für alle literarisch ambitionierten jungen Damen, dass sie den verfügungsmächtigen Herren mit den guten Kontakten und Zeitschriften, welche die jungen Autoren in Österreich bekannt machen sollten, keineswegs nur für eine anregende Konversation im Kaffeehaus zur Verfügung zu stehen hatten[86] – Herren wie Weigel eben oder auch dessen literaturpolitischem Gegenspieler Hermann Hakel, der aus dem Exil in Palästina nach Wien zurückgekehrt war. In der ersten Nummer seiner Zeitschrift «Lynkeus», datiert auf den Dezember 1948/Januar 1949, publizierte Hakel vier Gedichte von Ingeborg Bachmann: ihre erste Veröffentlichung in der Hauptstadt überhaupt. Damit war sie also angekommen und kannte fürs Weiterkommen auch gleich schon den Preis.

2

Die Wohnung der Studentin und jungen Autorin lag, wie gesagt, nicht in der Josefstadt, wie der Schlüsselromanschreiber vorgab, sondern in der Beatrixgasse 26 im III. Bezirk, und eine grün patinierte Kupfertafel an der Fassade erklärt heute, dass das Haus «in den Kriegsjahren 1939/45 beschädigt und aus Fondsmitteln des Bundesministeriums f. Handel u. Wiederaufbau in den Jahren 1954/55 unter dem Bundeskanzler Ing. Julius Raab wiederhergestellt» wurde. Zu diesem Zeitpunkt allerdings war Ingeborg Bachmann nicht nur bereits seit fünf Jahren aus der Wohnung in der Beatrixgasse ausgezogen und einmal ums Eck in die Gottfried-Keller-Gasse Nr. 13 übersiedelt; sie hatte Wien längst in Richtung Italien verlassen. In den Jahren von 1946 bis 1949 aber hatte sie also in einer Ruine gewohnt.

Heute ist das langgezogene, über zwei begrünte Innenhöfe mit alten Bäumen sich bis zum Heumarkt hinunter erstreckende Gebäude im ursprünglichen Stil wieder hergerichtet. Das Dach, die Fenster wie die Aufgänge zu den insgesamt acht «Stiegen» müssen kürzlich erst von Grund auf renoviert worden sein, so neu schimmert hier alles. Nur die großen schwarzweißen Fliesen in Eingängen, Fluren und Treppenaufgängen wie deren in der Mitte tief ausgetretene steinerne Stufen selbst, die bis in den dritten, im Vorderhaus sogar in den fünften Stock hinauf führen, scheinen noch die alten, der Stuck wie die schmiedeeisernen Treppengeländer wurden der originalen Ausstattung entsprechend neu gestaltet. Durch eine kleine verglaste Tür betreten wir den ersten Innenhof, und in all dem funkelnagelneu erstrahlenden alten Glanz könnte die Überraschung nicht größer sein: Wir befinden uns im «Ingeborg Bachmann Park», das vordere Quergebäude schirmt dies baumbestandene Geviert vom Straßenlärm des viel befahrenen Heumarkts ab.

In diesem Wohnkomplex, in dieser nah am Stadtpark und in Gehweite zur Innenstadt gelegenen Gegend überhaupt ein Dach über dem Kopf gefunden zu haben, dürfte im zerbombten Nachkriegs-Wien trotz des Zustands des Hauses tatsächlich ein Glücksfall gewesen sein. Für die Autorin hat er freilich früh Standards gesetzt, und dies offenkundig nicht nur im Hinblick aufs Wohnambiente selbst: Die drei Studienjahre in der Beatrixgasse begründeten das zentrale Territorium der literarischen Prosa Ingeborg Bachmanns und haben dessen inneren Bereich fest abgesteckt. Das unweit am Modena-Park gelegene, in neu-sachlichem Stil gehaltene Haus in der Gottfried-Keller-Gasse dagegen, in dem sie in der Folgezeit bis zu ihrem Weggang aus Wien wohnte, mag wohl in einem besseren baulichen Zustand gewesen sein und zu ihrer großen Erleichterung auch über eine funktionierende Heizung verfügt haben – gegenüber der bürgerlich gefestigten Großzügigkeit und Weite in der Beatrixgasse Nr. 26 wirkt es heute beklemmend eng und dumpf; für die literarische Bebauung eines «inneren Wien» kam dergleichen unmöglich in Frage.

Ein Blick auf den Stadtplan macht rasch klar, dass die Straße, in der Ingeborg Bachmann ihre ersten Jahre in der Hauptstadt verbrachte, mitten ins Herz ihres späteren literarischen «Ungargassenlands» führt. Hier also, in der Ungargasse, werden sich im «Malina»-Roman herzzerreißende Dramen wie irrlichternde Komödien abspielen, hier werden die immer wieder abreißenden Telefonate mit dem Geliebten Ivan geführt wie die platonischen Dialoge mit dem Lebensgefährten Malina, hier finden die Arbeitsgespräche mit der lebenstüchtigen Sekretärin «Fräulein Jellinek», aber auch ein kurios scheiterndes Interview mit einem Journalisten namens Mühlbauer statt, hier nimmt die Ich-Erzählerin die Katzen Trollope und Frances in Pension und dürfen die Kinder Ivans ihre stille Intellektuellenwohnung verwüsten – die Ungargasse ist im Roman der Schauplatz einer komplexen Dreierbeziehung, bis die Heldin in auswegloser Lage zwischen dem abgeklärten Malina und dem unsteten Ivan schließlich all ihre Verbindungen zum Leben kappt und, jäh aus einer Welt gefallen, die sie sich gerade neu zu errichten begann, ihre Selbstauslöschung vollzieht. Ihre letzte Botschaft ist auch der letzte Satz des Romans: «Es war Mord.»[87] Ein Tatort im kriminologischen Sinne ist die Ungargasse also auch noch.

Um dorthin zu gelangen, folgen wir dem abfallenden Verlauf der Beatrixgasse, vorüber an der Pizzeria «Grado», wo wir beim Blick die Reisnerstraße hinunter in einiger Entfernung den Stadtpark erkennen können, der ebenfalls in «Malina» eine Rolle spielt, vorüber auch am Haus mit der Nummer 18, in dem während der 1830er Jahre Adalbert Stifter lebte und, wie eine Tafel mitteilt, eine Erzählung namens «Feldblumen» schrieb. Nun geht es noch über eine Brücke, unter der die Eisenbahnzüge rollen, und schon stoßen wir auf die Kreuzung, an der Beatrix- und Ungargasse aufeinandertreffen. Nur wenige Schritte linker Hand liegt die zu literarischem Ruhm gelangte Adresse Ungargasse Nummer 6.

Kein kleinlicher Ort ist dies, an dem Ingeborg Bachmann Ende der sechziger Jahre eine von Schreibkrisen geplagte Schriftstellerin und deren strikt vernunftgeleitetes männliches Alter Ego hinter einem mächtigen schmiedeeisernen Tor angesiedelt hat. Es handelt sich vielmehr um das prächtigste Gebäude weit und breit: vier Stockwerke hoch, stuckverziert, getreu dem Jugendstil mit einer Maske der Minerva über dem Eingang. Späht man durch das Gitter ins Dunkel des Hausinneren, werden Marmorfliesen, Säulen und Frauenskulpturen sichtbar (und sekundenlang fühlen wir uns an die letzte römische Adresse Ingeborg Bachmanns in der Via Giulia erinnert, an den hochherrschaftlichen Eingangsbereich des dortigen Hauses; dem freilich ging die Wiener Düsternis ab).

Auf der linken Seite hat eine Pizzeria namens «Topolino» Quartier bezogen (können wir uns die allem Grandiosen zugeneigte Schriftstellerin des Romans mit ihrem Geliebten bei Pizza, Lasagne und Tomatensalat vorstellen? Ja, wir können es – wegen Ivan, der einen einfacheren Stil bevorzugt, wenn er nicht gerade ausländische Gäste in die renommierten «Drei Husaren» ausführen muss, jedoch ebenso, weil die Kochkünste der stets leicht aufgelösten Dame des Hauses eingestandenermaßen nicht allzu weit reichen). Rechts führt ein Papierrestaurator sein Geschäft, während ein Messingschild am Portal des «Malina»-Hauses selbst anzeigt, dass hier eine Anwältin, die sich selbst einen «Verteidiger in Strafsachen» nennt, ihre Praxis unterhält – eine mann-weibliche Reinkarnation der Bachmann'schen Hauptfigur im dritten Jahrtausend wahrscheinlich. Und während am unteren Ende der Straße das Fitness-Studio «Bewegung ins Leben», durchaus nicht unpassend für die unverdrossen radelnde und wandernde Autorin Bachmann, seine Dienste und Maschinen anbietet, sehen wir in der anderen Himmelsrichtung nach rechts die Münzgasse abzweigen. Dort pflegten Malinas Lebensgefährtin und deren Liebhaber ihre Autos abzustellen, von dort aus chauffierte, wenn die Zeit am Morgen drängte, die Schriftstellerin den Staatsbeamten zu seinem Arbeitsplatz im Österreichischen Heeresmuseum.

Zwar ist die Bäckerei an der Ecke Beatrixgasse inzwischen einem «Beatrix-Café» gewichen, doch ändert auch dieser Wandel an der verwirrenden Wirkung nichts, die das Hin- und Herblicken zwischen heutigen Gegebenheiten und den präzisen Verortungen des Romans auslöst. Unabweisbar bleibt das Gefühl, Ivan, seine Geliebte wie deren stets gelassener Gefährte (und späterer Mörder) Malina könnten sich, nicht anders als das Fräulein Jellinek, der tumbe Journalist oder die Kinder Béla und András, gerade in diesem Moment über diese Straße bewegen, könnten ihr Auto oder die Straßenbahn besteigen, ein Kuchenpaket aus der Konditorei tragen oder würden den Weg ins Gasthaus «Zum alten Heller» einschlagen.

Fast vier Jahrzehnte liegen zwischen der Entstehung von «Malina» und der Ungargassen-Gegenwart, und doch erscheinen beide gleichermaßen als Teil der Jetzt-Zeit. An der in sich ruhenden Stabilität der Stadt wie dieses Viertels kann es allein nicht liegen. Ingeborg Bachmann, während sie in Rom verdichtete, was sie in Wien gesehen und gehört hatte, muss in einer Art literarischer Hexenküche ein Substrat ihrer eigenen Gegenwart hergestellt haben, das sich wie von selbst bis ins Heute verlängert und ohne Rest in unserer Zeit aufzugehen scheint. «Zeit Heute/Ort Wien»[88] lautet die Bestimmung zu Beginn des Romans.

3

Es ist Mittagszeit im III. Bezirk. Ein eisiger Winterwind fegt die Ungargasse hinunter, aber auf der anderen Straßenseite, dort, wo unter der Nummer 9 gleich das Wohnhaus Ivans mit den Löwenköpfen am Tor auftauchen wird, und nur einen Katzensprung damit entfernt vom jetzt dunkel und unzugänglich aufragenden Malina-Haus, wärmt die Januarsonne schon, und wir tun, was im Roman auch der allwissende Malina und sein späteres Opfer häufig taten: Wir spazieren zur «Gastwirtschaft zum Alten Heller» – auch was dessen Namen und Existenz anlangt, hat sich in all den Jahren nichts geändert. In verblasstem Altrosa liegt das dreistöckige Haus in einer Reihe gleichartiger Gebäude, weiß gestrichene Rahmen fassen Tür und Fenster ein, aus denen uns aufs Freundlichste ein Weihnachtsmann und ein Engel entgegenschauen.

Zeitloser als dieses Äußere mit einem Laternchen über dem Eingang könnten aber auch Interieur und Insassen nicht sein: Kellner in grünen Westen, weißen Hemden, dunklen Hosen, immer eine Serviette über dem Arm, dazu die Paare, kleinen Gruppen und einzelnen Esser, die zumeist mit Namen begrüßt werden, kurz hält der Kellner am weiß eingedeckten Tisch ein, um ein paar Worte mit dem Herrn Doktor oder dem Herrn Ingenieur zu wechseln, und selbst auf der Speisekarte steht (vom inzwischen unvermeidlichen Putenschnitzel einmal abgesehen) noch genau das, was hier bereits in den sechziger Jahren und auch schon lange davor serviert wurde: Frittatensuppe, Tafelspitz, Lungenbraten, Maronenpüree.

Durch halbhohe hölzerne Wände sind die einzelnen Tische voneinander getrennt, man sitzt auf hölzernen Bänken oder Stühlen mit gedrechselten Beinen, die sonst allgegenwärtige Hintergrundmusik gibt es hier nicht, zu hören ist nur das Klappern von Messern und Gabeln auf den Tellern, die, frisch gefüllt, rasch aus der Küche hinter dem Tresen herangetragen werden – Tradition, Gelassenheit, Selbstverständlichkeit machen die Atmosphäre in den niederen Räumen aus, nur gedämpft reden die Gäste miteinander: über Freunde oder über die Einkäufe, die sie von der Landstraßer Hauptstraße mitgebracht und neben sich auf der Bank postiert haben, über Kinder, Kunden und Geschäftspartner.

Und dann ertönt plötzlich die Fanfare des Heeresberichts aus dem Rundfunkprogramm des «Großdeutschen Reiches». Sie kommt aus einem Handy direkt hinter uns, und weil der mit Freunden und Kollegen beim Essen sitzende Besitzer das Telefon nicht sogleich findet – animiertes Gelächter am Tisch, während immer wieder das triumphale Signal aus seiner Jackentasche tönt – und weil kurz darauf noch mehrere Anrufe eingehen, ist ein Irrtum ausgeschlossen: Die Melodie ist eindeutig zu identifizieren. Außer uns freilich scheint das Signal niemanden zu irritieren, nur einem sehr alten Ehepaar in der Sitzecke nebenan ist kurzzeitig das Besteck auf die Teller gesunken; ein rascher Blick zwischen beiden hin und her, dann fahren sie mit der Zerlegung ihres Schindelbratens fort. Auch die Erzählung «Unter Mördern und Irren» – Wahrnehmungen aus dem Wien der Nachkriegszeit, die Ingeborg Bachmann gegen Ende der fünfziger Jahre in Zürich zu Papier brachte – hat also ihre Gültigkeit behalten, und wir können uns nicht vorstellen, dass das Ertönen der Nazi-Fanfare im «Alten Heller» bei der Verfasserin heutigen Tags etwa erhebliches Erstaunen auslösen würde.

Bei der Zugereisten allerdings schon. Denn jenseits aller Pracht, all des innerstädtischen Glanzes hat die gloriose Unwandelbarkeit Wiens während des Umherlaufens, Schauens und Fragens zugleich ein Gefühl der Ungewissheit aufkommen lassen, die schmetternde Tonfolge im Gasthaus an der Ungargasse hat es jetzt nur noch einmal höhnisch verstärkt. Denn natürlich ist es ein Vergnügen, literarische Schauplätze bis heute nicht nur unter derselben Adresse, sondern sogar unter denselben Namen anzutreffen, alles zuvor Gelesene mit eigenen Augen zu sehen und dabei fast auch noch spüren zu können, wie dies alles einmal gewesen sein mag und sich verhielt, bevor es in eine Erzählung gefasst wurde oder in ein Gedicht. Doch breitet sich im eigenen Sensorium daneben auch Verwirrung aus, aufsteigend vom Grund des Lese-Gedächtnisses bis knapp unter die Oberfläche der Wahrnehmung, in der es nun zu flackern beginnt. Weshalb denn, fragen wir uns, sollten all diese freundlichen, hilfsbereiten und kompetenten Leute mit dem gediegenen Auftreten nicht wie selbstverständlich zugleich Mörder und Irre sein? Leiden wir an den Folgen einer literarischen Infektion des Gegenwartsbewusstseins? Oder haben wir es mit tatsächlich vorhandenen Strömungen zu tun, für deren Ortung uns die Lektüre lediglich die Sonden, eine Art erhöhte Empfindlichkeit mitgegeben hat?

4

Wer das Café Raimund in der Museumstrasse unweit des imperialen Stadtzentrums betritt, wird sich des Anflugs gegenwärtiger Vergangenheiten endgültig nicht mehr erwehren können – hier ist es nicht nur, als sei die Zeit stehen geblieben, es scheint vielmehr, als habe Zeit überhaupt nicht vergehen können, weil eine derartige Maßeinheit für Räume wie diesen nicht gilt. Zwar sind die jungen Leute, die da am vormaligen Literatentisch gerade Kaffee, Wein und Mineralwasser zu sich nehmen, nach Haarschnitt und Mode mit den jungen Autorinnen und Autoren vom Ende der vierziger, Anfang der fünfziger Jahre durchaus nicht zu verwechseln, auch fehlt der Runde ein Zentrum: die Gestalt eines Mentors. Im Übrigen aber gibt es nirgends – nicht in den angebotenen Speisen und Getränken, nicht in der Berufskleidung der Bedienung und schon gar nicht in der vom Rauch eingedunkelten Einrichtung in Holz und Leder – ein Anzeichen dafür, dass seit dem Bestehen des literaturhistorisch bedeutsamen «Café-Raimund-Kreises» sechs Jahrzehnte ins Land gegangen sein sollen.

Darauf, dass dieses Café einmal das literarische Machtzentrum des Großen Kultur-Steuermanns Hans Weigel war, macht heute freilich eine Gedenktafel der Österreichischen Gesellschaft für Literatur in goldenen Lettern auf weißem Marmor aufmerksam – das «Raimund» ist ein Ort kulturellen Gedenkens. Seit Mitte der vierziger Jahre wurde hier diskutiert, angebandelt und um Positionen im sich wenigstens oberflächlich neu formierenden Literaturleben der Stadt wie des Landes gepokert – die Formel «Körper gegen Karriere» fasste gewiss allzu eindeutig zusammen, was in dieser Zentralstation der österreichischen Nachkriegsliteratur vor sich ging und schlösse überdies ja die überwiegende Zahl der Teilnehmer aus: all die jungen aufstrebenden Männer, für deren Geschlecht der Guru der Gruppe offenkundig kein Interesse aufbrachte. Und ohne Begabung war hier, wie sich zeigte, eine Karriere schließlich auch nicht zu haben.

Immerhin aber: hinter der Tüllgardine, im Schutze eines Gummibaums – welche beide sich, wir geben es bereitwillig zu, heute hier nicht mehr finden –, wurde Literaturgeschichte ganz wesentlich in Form von Beziehungsgeschichten geschrieben, im konkreten wie im erweiterten Sinne. Im Falle Ingeborg Bachmanns führten sie geradewegs in die erste literarische Enteignung ihrer Person, mehr als zehn Jahre vor Max Frischs Roman «Mein Name sei Gantenbein» und zweifellos mit intriganter Intention, auf die persönliche Wirkung hin kalkuliert.

Denn dank der überschaubaren Größe des Wiener Literatur- und Kulturbetriebs musste Anfang der fünfziger Jahre unweigerlich jeder, der dazugehörte, wissen, wer das lebende Vorbild jener jungen Malerin aus der Provinz war, die der oberste Kritiker der Hauptstadt in den Mittelpunkt seines Romans «Unvollendete Symphonie» gestellt hatte – und wer dies im Jahr 1991, als das Buch auf Wunsch Hans Weigels wieder aufgelegt wurde, etwa doch nicht mehr wusste, dem teilte er es in seinem Nachwort «mit umso lachenderem Behagen» noch einmal ausdrücklich mit. «Da das alles so lang zurückliegt», schreibt der Autor vierzig Jahre nach der Erstpublikation des Buches, «kann ich die Vorgänge, soweit sie privat sind, entschlüsseln und der Welt mitteilen, dass es sich um meine Kollegin Ingeborg Bachmann handelt, die in unserem Kreis von unserem Mentor Heimito von Doderer als ‹der Bachmann› bezeichnet wurde.»[89]

Unverkennbar, dass da ein Gekränkter räsoniert, dessen eigene Bedeutung gegenüber derjenigen der weiblichen «Kultfigur»[90] mittlerweile weit zurückstand – und ebenso, dass ihm die Äußerung Heimito von Doderers, immerhin der ersten literarischen Referenz-Adresse im Nachkriegs-Österreich, auch deshalb so willkommen war, weil sich darüber ganz nebenbei auch noch die lästige Intellektualität «des Bachmanns» ins Lächerliche ziehen ließ. Weit wesentlicher jedoch als diese peinliche Schmährede *ex post* ist die Tatsache, dass der Autor mit seinem Roman von 1951 gleichsam eine Bewunderungs- und Dankschrift an sich selbst ausgefertigt hatte – und dies in Ingeborg Bachmanns Namen, vorgeblich mit ihrer Stimme.

In der «Ich»-Form nämlich richtet sich die 195-seitige bewegte Rede des weiblichen Ich hier an ein «Du», das niemand anderer ist als der Verfasser des literarisch eher beklagenswerten Werks selbst. Was wiederum hieß: Hans Weigel hatte seiner Geliebten und Lebensgefährtin Ingeborg Bachmann gleich zu Beginn ihrer schriftstellerischen Laufbahn nicht nur die Verfügung über ihre Person, er hatte ihr gleich auch noch die eigene Artikulation abgenommen. «Ich bin so wenig, du bist so wichtig», lässt er die verzweifelt mit sich selbst hadernde Künstlerin etwa seufzen. «Und alles (ist) so hoffnungslos verknüpft und verschränkt mit dem Bewusstsein, was du mir alles geboten hast und bietest, deine Geschenke, die Mahlzeiten, die Ausgänge» – es hätte nur noch die Beigabe der Kassenzettel für Dessous, Speisen und Getränke gefehlt, um die käufliche Liebe völlig umweglos zum Thema zu machen. Was hingegen nicht fehlt, ist die verständnisvoll, ja, mitfühlend vorgebrachte Behauptung, die sexuell anfangs noch unerfahrene Provinzlerin habe dem überlegenen Mann schließlich auch noch ihre wechselnden «Herren» zu danken. Anders gesagt: Dass sie ihn im Laufe ihrer Erweckung zu betrügen beginnt, geht allein darauf zurück, dass der Meister es sie so gelehrt hat – dass er es so will.

Dies Opus aus dem Geiste der Trivialliteratur des 19. Jahrhunderts kam Anfang der fünfziger Jahre in den Handel, und hätte der Vorgang irgendetwas Heiteres oder doch wenigstens Komisches an sich gehabt, man hätte ihn «Die verkaufte Braut» überschreiben mögen. Doch handelte es sich hier um einen Enthüllungsroman, in dem nicht nur die fiktive junge Malerin selbst entblättert wurde. Das österreichische Nachkriegspublikum vielmehr, dem das auch von einheimischen Literaten dienstfertig mitgeprägte Bild der arischen Frau und Mutter noch relativ frisch im Gedächtnis haftete, konnte sich nach diesen Schilderungen nun eine Vorstellung vom Lotterleben in der jungen Kunst- und Literaturszene, insbesondere aber von der Verderbnis machen, der seine eigenen unschuldigen Töchter in Kreisen wie diesen gegebenenfalls entgegensahen. Der engere «Café-Raimund-Kreis» wiederum hatte Gelegenheit, eifersüchtige Gefühle gegenüber der Favoritin seines Königs nach deren literarischer Entmündigung mit Schadenfreude und Häme zu quittieren. Und der so Porträtierten selbst schließlich dürfte das Erscheinen des Buches unmissverständlich angezeigt haben, dass es an der Zeit war, dem Wiener Schwarzmarkt der Beziehungen, Positionen und Emotionen den Rücken zu kehren.

Die Dichterin Ingeborg Bachmann, zu diesem Zeitpunkt seit einem Jahr im Fach Philosophie promoviert, hatte nach Abschluss ihres Studiums zunächst auf eine Stelle an der Universität gehofft. Mittlerweile arbeitete sie im *Script Department* des österreichisch-amerikanischen Senders «Rot-Weiß-Rot» – eine Tätigkeit, die ebenfalls aus hilfreichen Kontakten der Weigel-Runde im Café Raimund hervorgegangen war. Sie hatte eben ihren Roman «Stadt ohne Namen» beendet, für das Manuskript jedoch keinen

Verleger finden können; zwei Jahre zuvor waren im Parteiblatt der konservativen Österreichischen Volkspartei drei ihrer Erzählungen erschienen, jetzt schrieb sie im Auftrag ihres Senders an ihrem ersten Hörspiel – alles schien so auf eine gemäßigte literarische Karriere innerhalb der österreichischen Grenzen zuzulaufen, unter den ihr bekannten Bedingungen, mit den absehbaren persönlichen Folgen. Gleich zu Beginn ihrer Autorenlaufbahn hatte Hans Weigel dieser nun einige Scharten versetzt: Beschädigungen, die zuallererst ihre Person betrafen. Eine Flucht nach Paris zu Paul Celan, den sie im Mai 1948 in Wien kennengelernt und mit dem sie bis zu dessen Abreise im Juli eine so stürmische wie komplizierte Beziehung gehabt hatte, hätte da eine Option sein können; doch war bereits im Herbst 1950 ein erster Versuch, ein gemeinsames Leben in Paris zu beginnen, gescheitert.

Die nächste Chance aber, die sich im April 1952 ergab, ergriff Bachmann so beherzt wie raffiniert – die notorische Zerstreutheit und Entrücktheit der Dichterin ließ sich im Bedarfsfall offenkundig wie ein Vorhang beiseiteschieben. Hans Werner Richter, auf Arbeitsbesuch in Wien, war das Ziel ihrer Intervention, und die Inszenierung traf den literarischen Talentsucher mitten ins Entdeckerherz. «Ich traf Ingeborg Bachmann im Sender Rot-Weiß-Rot», erinnerte sich Richter Jahre später in einer Rückschau auf herausragende Figuren der Gruppe 47. «Sie hatte mir ihre unveröffentlichten Gedichte auf einen sonst ganz leeren Schreibtisch gelegt und mich über eine halbe Stunde warten lassen, so dass mir gar nichts anderes übriggeblieben war, als diese Gedichte zu lesen. Sie klapperte inzwischen in einem Zimmer nebenan auf einer Schreibmaschine, und als sie wieder hereinkam, fragte ich sie, wer denn diese Gedichte geschrieben habe, und sie antwortete errötend: ‹Ich.› Schon am Nachmittag lud ich sie (...) zu der Tagung ein.»[91]

Es war die Tagung der Gruppe 47 in Niendorf an der Ostsee im Frühjahr 1952 – auch für Paul Celan hatte Ingeborg Bachmann eine Einladung erwirkt. Auf dem folgenden Gruppen-Treffen im Herbst desselben Jahres lernte sie Hans Werner Henze kennen, im Jahr darauf gewann sie den Preis der Gruppe 47 und avancierte alsbald zu deren «First Lady». Die internationale Erfolgsgeschichte der Schriftstellerin Ingeborg Bachmann hatte begonnen. Hans Weigel aber war auch hier der Mittelsmann gewesen, wenngleich in diesem Fall ganz unfreiwillig. Auf ein Interview mit niemand anderem als ihm nämlich, dem Einflussreichen, hatte die Rundfunkredakteurin Dr. Bachmann den Gruppen-Chef Hans Werner Richter im Funkhaus vorbereiten sollen – und hatte ihm stattdessen ihre Gedichte zugeschoben. So führte letztlich selbst der Weg aus Wien heraus über die Spinne im Literaturbetriebsnetz des Café Raimund.

Nicht überraschend, dass sich das Nachspiel als vom stets großzügig ausgeteilten Wiener Gift durchtränkt erwies – die Rache des Provinzgeists an jener Frau, die einst sein Zögling gewesen, inzwischen aber ohne sein Zutun längst zu einer international renommierten Lyrikerin geworden war. Sieben Jahre nach der Veröffentlichung seines Romans publizierte Hans Weigel in der Zeitschrift «Forum» einen offenen Brief. Dessen Adressatin: «Frau

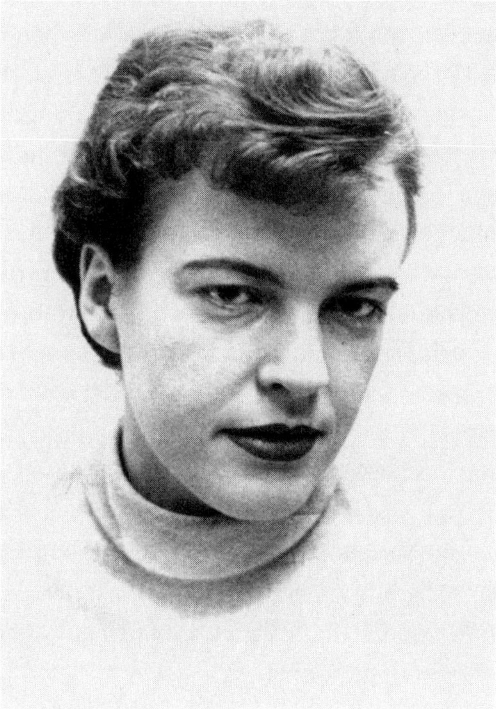

Dr. Ingeborg Bachmann, Lyrikerin aus Klagenfurt, dzt. München», die Anrede: «Meine liebe Inge». Diese, seit 1957 als Fernsehdramaturgin beim Bayerischen Rundfunk beschäftigt, hatte mit anderen namhaften Autoren einen Aufruf gegen die atomare Bewaffnung der Bundeswehr unterschrieben; nun setzte es verbale Hiebe seitens des verlassenen Liebhabers. «Sag einmal, Inge, was ist Dir da eingefallen?» schrieb der. «Bist Du ganz und gar von Gott verlassen, dass Du Deine Kompetenzen als Lyrikerin und Österreicherin derart überschreitest?» Sie könne Deutschland ja verlassen, wenn es ihr dort nicht passe, «und nach Hause fahren (was Dir übrigens auch sonst recht gut täte)». Und sie könne, als Österreicherin, natürlich auch die Österreichische Kommunistische Partei wählen. «Solange Du aber im Ausland zu Gast bist, musst Du – zumal als Dame – ein Minimum an Takt und Zurückhaltung wahren und darfst Dich nicht in interne Streitigkeiten der Gastgeber einmengen.» Unterzeichnet mit einem «herzliche(n) Servus, Dein Hans Weigel».[92]

Ingeborg Bachmanns Antwort auf diese schriftliche Attacke ihres früheren Mentors erfolgte wie immer literarisch und mit weit größerer zeitlicher Verzögerung als im Falle Max Frischs – im «Malina»-Roman fanden sich beide Männer 1971 als Adressaten einer indirekten, auf dem Wege literarischer Anspielungen und Zitate geführten Korrespondenz wieder. Ganz direkt schließt schon der Beginn von «Malina» an den Anfang von Weigels «Unvollendeter Symphonie» an. Hieß es dort «Der Ort ist Wien. Und die Zeit ist heute. Wann aber ist heute?»[93], so lautet Bachmanns Bezugnahme zwanzig Jahre darauf: «Zeit Heute

Ort Wien Nur die Zeitangabe musste ich mir lange überlegen, denn es ist mir fast unmöglich ‹heute› zu sagen …, denn vernichten müsste man es sofort, was über Heute geschrieben wird, wie man die wirklichen Briefe zerreißt, zerknüllt, nicht beendet, nicht abschickt, weil sie von heute sind und in keinem Heute mehr ankommen werden.»[94]

In ihrem Romankapitel «Der dritte Mann» wird sie den Anfang der «Symphonie» dann nochmals aufnehmen und Weigels Dreistigkeiten darin endgültig zurückweisen; darin eingeschlossen ist auch ihre Antwort auf den offenen Brief, wenn sie im Vorspann zu diesem zentralen Romanabschnitt schreibt: «Ich antworte, aber ungefragt. Der Ort ist diesmal nicht Wien. Es ist ein Ort, der heißt Überall und Nirgends. Die Zeit ist nicht heute. Die Zeit ist überhaupt nicht mehr, denn es könnte gestern gewesen sein, lange her gewesen sein, es kann wieder sein, immerzu sein, es wird einiges nie gewesen sein»[95] – ein Widerruf, der in ihrem Buch zugleich in eine andere literarische Wirklichkeit überleitet. Im Folgenden geht es dort um das zeitlose Reich des Traums, und regieren werden darin die Ungeheuer mit Namen Max oder Hans. In der Figur des «Vaters» zum Über-Mann verschmolzen, hat Ingeborg Bachmann die beiden ehemaligen Liebhaber und Lebensgefährten, die sie vor aller Öffentlichkeit literarisch entblößt hatten, in ihr eigenes Werk eingeschrieben.

Es läge nach alledem nahe zu vermuten, dass die Geschichte mit Hans Weigel, die ihre Erfahrungen mit dem Komplex Wien brutal und persönlich auf den Begriff brachte, für Ingeborg Bachmann das Ende ihrer Auseinandersetzung mit dieser Stadt bedeutet, dass sie Wien, sei es literarisch oder auch in ihrer realen Erscheinung, für immer hinter sich gelassen hätte. Doch gerade das Gegenteil war der Fall.

5

Im Schein der Laternen glänzt das regennasse Pflaster wie poliert, wir ziehen den Schal fester, kriechen tief in den Mantel und schlagen eine schnellere Gangart an – sehnsüchtig nach mehr Helligkeit und menschlicher Gegenwart und nicht zuletzt danach, den Schauplatz des Beginns einer Autorinnen-Gruselgeschichte möglichst rasch hinter uns zu lassen. Verabredet mit dem Bachmann-Biografen Hans Höller, überqueren wir eilig den Maria-Theresien-Platz, biegen durchs Heldentor zur Hofburg ein und finden in einer schmalen Seitengasse unweit der Österreichischen Nationalbibliothek schließlich jene Pizzeria, die als Treffpunkt ausgemacht ist – eine touristische Abfütterungsstation, wie sich zeigt, deren Betreiber offenbar fest damit rechnet, dass von den Gästen keiner je in Italien war oder wenigstens keiner den Mut aufbringt, sich über das groteske Angebot zu beschweren. Aber tönte da nicht eben Roberto Murolo vom Band, der neapolitanische Volkssänger, dessen Aufnahmen Ingeborg Bachmann und Hans Werner Henze während ihrer Verlobungszeit in Neapel hörten und von dem auch in ihren Briefen wiederholt die Rede ist? Wir wollen es gern glauben, und der Wirt will es uns noch lieber glauben machen, um die Unruhegeister vor seinem Pizzaofen zu beruhigen. Doch bedarf es dessen gar nicht mehr. Längst sind wir tief in unser Gespräch über die Ausnahmeerscheinung der deutschsprachigen Nachkriegs-Literaturszene abgetaucht.

Hans Höller erlebte sie persönlich im Jahr 1971 als junger Mann in Salzburg bei einer Lesung aus ihrem «Malina»-Roman – und blieb unbeeindruckt. «Wir Achtundsechziger sahen das, was sie schrieb, damals als Nabelschau, weit von der Realität entfernt, die uns beschäftigte. Als Bild ist mir allerdings ihr Auftritt in dem übervollen Hörsaal der Universität im Gedächtnis geblieben. Die Sitzreihen waren bis auf den letzten Platz besetzt, viele Leute standen im Gang, und sie musste sich da hindurchwinden. Mir fiel ihre Zerfahrenheit, das Hastige ihrer Bewegungen auf, auch ihre elegante Kleidung natürlich, an der sie fortwährend herumzupfte. Sie ging vor zum Pult, las – und verschwand sofort wieder in einem Pulk von Leuten, zum Essen, nehme ich an. Heute», sagt der Forscher, der inzwischen selbst Professor an der Universität Salzburg ist, und sein Gesicht nimmt einen gewitzten Zug an, «heute würde ich mich nicht davon abbringen lassen, beim Abendessen mit der Dichterin dabei zu sein ...»

Heute aber wäre er zweifellos ohnedies eingeladen. Schließlich ist Hans Höller nicht nur der Verfasser einer präzise recherchierten, einfühlsamen Bachmann-Biografie, sondern auch Mitherausgeber des Briefwechsels zwischen Ingeborg Bachmann und Hans Werner Henze; im Augenblick bereitet er gerade – zusammen mit drei anderen Wissenschaftlern – die Herausgabe ihres Briefwechsels mit Paul Celan vor, dessen Originale er eben in der Nationalbibliothek eingesehen hat. Höller ist eine Kapazität im Bachmann-Territorium, und die Lyrikerin gilt ihm als die erste Autorin, die in der österreichischen Nachkriegsliteratur «Bilder für die Vernichtung der Juden gefunden hat: ‹Die gestundete Zeit› ist der erste Lyrikband einer Nicht-Jüdin nach 1945, in dem dieses Eingedenken zum zentralen Thema wird» – eine Konsequenz ihrer Beziehung mit Paul Celan zweifellos, aber doch nicht nur. «Schon als junges Mädchen hatte sie die damals verbotene Literatur gelesen», berichtet Höller. «Sie war ja schon früh viel krank, und die schulfreie Zeit nutzte sie zum Lesen. Sie hatte sich die Bücher jüdischer Autoren beschafft, so dass sie bei Kriegsende Bücher kannte, von denen ihre Altersgenossen noch nicht einmal gehört hatten. Und an den Wiener Dichterzirkeln nach 1945 nahmen dann viele überlebende Juden teil – Ilse Aichinger war unter ihnen sicher die Bekannteste, aber nicht zuletzt auch Hans Weigel zählte dazu. Der Holocaust war mit Sicherheit ein Thema in ihren Gesprächen, und anders als in der Bundesrepublik wurden die Konsequenzen aus den NS-Verbrechen auch in den hiesigen Literaturzeitschriften diskutiert. Die Zeitschrift ‹Plan› etwa entdeckte schon 1947 die Bedeutung Paul Celans und stellte ihn, einen unbekannten Dichter, auf eine Stufe mit Franz Kafka.»

Hatte Ingeborg Bachmanns intensives Interesse an jüdischer Literatur, ihre Empfindlichkeit für alles, was mit dem Völkermord an den Juden zusammenhing, womöglich auch mit der Tatsache zu tun, dass ihr Vater, der Hauptschullehrer aus Kärnten, ein Nationalsozialist der ersten Stunde gewesen war? «Mir scheint», sagt Hans Höller, «dass sie an ihrem Vater immer zwei Seiten gesehen hat: einerseits den Literaturliebhaber, der seine Tochter, sehr liebevoll, zur Literatur bringen will; und auf der anderen Seite eben auch den Nazi. Ihre Erzählung ‹Jugend in einer österreichischen Stadt› ist aus einer Art seismografischer Sensibilität heraus geschrieben: Das Kind, von dem sie erzählt, spürt Erschütterungen, die es für immer in Schrecken versetzen. Im Frühjahr 1939 geht es durch die Straßen Klagenfurts und hört, wie überall Nazi-Lieder gegrölt werden – in Bachmanns literarischer Kommunikation mit Paul Celan findet dieses Erschrecken dann noch in den fünfziger Jahren seinen Widerhall. Und in Hans Weigels ‹Unvollendeter Symphonie› ist wiederum sie es, die von ihrem jüdischen Liebhaber verlangt, dass das Verdrängte zur Sprache kommt: Die scheinbar so naive junge Künstlerin bringt den heimgekehrten Emigranten dazu, von seinen Toten zu sprechen. Und sie verlangt auch von ihm das Gedenken an die Opfer, das Aufgeben seiner versöhnlerischen Haltung. Wobei man wissen muss», fügt der Forscher hinzu, «dass Weigel sich zeitlebens weigerte, von den Verjagten, Vertriebenen und Ermordeten zu reden. Er sprach lieber von ‹Hiergebliebenen› und ‹Weggegangenen› und stellte beide auf eine Stufe. Dieser große Versöhner, der mit seiner Haltung so gut ins politische Kalkül der Zeit passte, war dann andererseits verantwortlich dafür, dass ein Autor wie Bertolt Brecht in Österreich bis in die sechziger Jahre hinein nicht gespielt werden konnte: Zusammen mit Friedrich Torberg setzte Hans Weigel den Brecht-Boykott durch. Und als Ingeborg Bachmann Österreich verließ, war schließlich er derjenige, der sie am intensivsten mit seinem Hass verfolgte …»

Die Tochter des Kärntner Nationalsozialisten, die als

Siebzehnjährige bereits, noch während des «Totalen Krieges», in einer Erzählung unmissverständlich gegen Krieg und Vernichtung Position bezogen hatte[96], widerrief folglich nicht nur in ihrer literarischen Arbeit oder in politischen Stellungnahmen, sondern ebenso in ihren Liebesbeziehungen die familiäre Verstrickung mit dem Vernichtungssystem. Sie stellt sich gegen die nach dem Ende des Krieges rasch Platz greifende Lust am Vergessen und verbindet sich mit einem jüdischen Emigranten, der Österreich zugleich den Weg in die Verdrängung mit allen publizistischen Mitteln zu erleichtern versucht – daneben, dagegen, steht zur selben Zeit die Beziehung mit dem unbedingt unversöhnlichen Paul Celan. Auch diese Erfahrung wird sehr viel später in ihrer Prosa Gestalt annehmen. Im «Malina»-Roman erwächst aus der Erinnerung an jenen Mann, der, wie es dort sprechend heißt, «auf dem Transport im Fluß ertrunken»[97] ist, das Gegenbild zum todbringenden «Vater». Und noch bis in Bachmanns letzte zu Lebzeiten veröffentlichte Erzählung «Drei Wege zum See» hinein wird die Figur des Verfolgten und Todgeweihten wiederkehren: als ein uneinholbarer Verlust, der gleichermaßen historischer wie persönlicher Natur ist.

An den anderen Tischen des Restaurants geht es geräuschvoll zu. Man verzehrt Pizza und Spaghetti, man redet und lacht und hat Lust, sich zu vergnügen an diesem ersten Abend des beginnenden Wochenendes. Aus dem Lautsprecher klingt jetzt Adriano Celentanos «Azzurro», und wir sind also bei den autobiografischen Anteilen im Werk Ingeborg Bachmanns angelangt, das vor sechzig Jahren hier in Wien seine hernach immer wieder bearbeiteten

Themen, Bilder und Färbungen aufnahm – literarische, politische und persönlich-private Motive fließen darin von nun an immer in eins.

Bachmanns römische Vertraute, die Haushälterin Maria Teofili, soll, so erzählt Hans Höller, nach der Lektüre von «Malina» ausgerufen haben: «Aber das sind Sie, das ist doch Ihre Geschichte!» Und die Antwort der Autorin habe gelautet: «Besser als Sie kann man das nicht verstehen.» So hat es ihm Maria Teofili vor Jahren erzählt, Höller selbst aber zieht den Bogen weiter. «Ich glaube», sagt er, «die Haushälterin trifft etwas Wesentliches in Bachmanns Literatur: Alles Biografische ist hier immer ganz eng mit dem Werk verschränkt. Nehmen wir das Gedicht ‹Enigma›[98], das sie Hans Werner Henze gewidmet hat: Bachmann schreibt darin über Musik, und sie schickt ihm dieses Gedicht wie einen Brief, weil sie möchte, dass er sich bei ihr meldet. So wie ja auch ‹Malina› in diesem Sinne ein Brief an Max Frisch war: Er sollte das Buch lesen und sehen, wie souverän sie sich mittlerweile über ihn lustig machen konnte. Von einer strengen Trennung von Kunst und Leben kann hier also keine Rede sein – Kunst bewegt sich für diese Autorin nicht in einer abgespaltenen Sphäre. Sie ist vielmehr Teil ihrer gelebten Beziehungen, oder anders gesagt: Vor der üblichen Kommunikation mit den anonymen Lesern stehen bei ihr immer die ihr persönlich Nächsten.»

Dies alles lässt sich detailliert aufschließen und verfolgen, der Literaturwissenschaftler arbeitet nicht zuletzt daran, wenn er sich mit den Briefwechseln Ingeborg Bachmanns beschäftigt. Tabuisiert und daher nach wie vor rätselhaft bleiben hingegen die zahlreichen Krankheiten, die sich seit der Pubertät wie ein roter Faden durch den Lebenslauf ziehen. Inge von Weidenbaum etwa hatte die Anfälle Ingeborg Bachmanns, deren Zeugin sie in den späten Jahren in Rom geworden war, im Gespräch ähnlich wie jenes «Gehabe» beschrieben, in das die Protagonistin des Romans «Der Fall Franza» verfällt und das sich auch bei der fiktiven Schriftstellerin im «Malina»-Roman zeigt: sprachlose Angstzustände, konvulsivische Zuckungen, Absencen. Doch darf «Krankheit» im Zusammenhang mit dieser Autorin noch bis heute kein Thema sein, Bachmann selbst hatte einst das Schweigegebot verhängt. «Eine Freundin hat sie einmal eine ‹Sektionschefin› genannt», sagt Hans Höller und lacht. «Sie ließ ja niemanden an sich heran und separierte die Leute voneinander, denen sie sich nahe fühlte. So sollten mögliche Interventionen von vornherein vermieden werden – wenn die Leute nicht miteinander in Kontakt treten können, weil sie nichts voneinander wissen, ist auch kein einheitliches Handeln der Hilfswilligen möglich. Und in denjenigen, die emotional von ihr abhängig waren, hat sie einen solchen Respekt erzeugt, dass helfendes Verhalten in deren Verhaltenskodex gar nicht mehr vorkam.»

Es ist spät geworden. Die anderen Tische haben sich geleert, die Musik ist abgestellt, und wir treten in eine eisige Winternacht hinaus. Dunkel liegt die Hofburg da, doch wir laufen unbeängstigt über das holprige Pflaster, zurück zum Heldenplatz. Wie hatte der Taxifahrer gesagt, der uns am Nachmittag aus dem «Ungargassenland» zurück in die Innenstadt chauffierte? «Wenn eine Frau in Wien sich in

Sicherheit bringen will», hatte er triumphierend ausgerufen und sich dabei mit einem strahlenden Lachen umgedreht, «muss sie nur ihre Wohnung verlassen!» Hat auch er etwa «Malina» gelesen? Gott bewahre, das hat er gestern im Radio gehört.

6

Absichtslos in unserer «Malina»-Ausgabe blätternd, stoßen wir dort am nächsten Morgen auf sketchartige Wortwechsel der dauerhaft beunruhigten Heldin mit ihrer Sekretärin Fräulein Jellinek sowie auf die skurrilen Dialogabbrüche im Gespräch mit dem Journalisten, der immer wieder, verzweifelt über unverwertbare Äußerungen seiner Gesprächspartnerin, das Tonband abschaltet und dabei auch schon mal, versehentlich oder nicht, die Aufnahmen löscht. Wir lesen von turbulenten Begegnungen der Schriftstellerin mit den Kindern Béla und András, folgen dem Slapstick der beiden Katzen im Bücherregal und amüsieren uns nicht zuletzt über die teils sarkastischen Bilder, die da von einer Autorin am Rande des Nervenzusammenbruchs gezeichnet werden – selbst dieser Roman, in dem es um die letzten Dinge geht, scheint Hans Werner Henzes Behauptung zu belegen, die Dichterin Bachmann sei eine nicht selten zu Jux und Dollerei aufgelegte Person gewesen, ausgestattet mit einem «*special sense of humor*». Als wir uns unter einem grau vernieselten Winterhimmel in die Österreichische Nationalbibliothek zu den Bachmann-Heiligtümern aufmachen, unserer letzten Wiener Station, hoffen wir auch zu diesem Wesenszug der Autorin Material zu finden, den ihre Tragödien in Text und Leben völlig überlagert zu haben scheinen. Und wir werden es finden, wenngleich anders als angenommen.

Kurz hinter der Spanischen Hofreitschule, nach Sisi-Museum und Kaiser-Appartements biegen wir in einen katzenkopfgepflasterten Hof ein, von dem aus wir auch in den Prunksaal der Nationalbibliothek gelangen könnten. Heute aber machen wir an einem davor liegenden Eingang Halt und steigen hinter der mächtigen weißen Holztür bis in den Mezzanin hinauf. Dort, so besagte es die präzise Beschreibung von Hofrätin Dr. Eva Irblich, sollen wir läuten und warten, dass uns aufgetan wird. Doch tragen uns Überschwang und Vorfreude zunächst eine halbe Treppe zu hoch hinauf, das verwirrte Mädchen, das dort oben hinter der Klingelanlage sitzt, schickt uns unter allen Anzeichen der Konsterniertheit gleich wieder hinab. Dann aber öffnet sich endlich die richtige Tür, und wir dürfen uns im Paradies fühlen – in einem Papier- und Buchstabenparadies. Und dies nicht allein: Die Hofrätin, hochgewachsen, im dunkelblauen Schneiderkostüm, mit grauem, zu einem Knoten geschlungenem Haar, erwartet uns mit Kaffee und Krapfen, und der leicht dämmrige Raum mit seinem Geviert aneinander geschobener Tische, voller grauer Schachteln und verschiedener Sitzgelegenheiten, wird sich sogleich beleben, sobald die Hüterin des schriftlichen Nachlasses von Ingeborg Bachmann aus der Geschichte dieses besonderen Ortes zu erzählen beginnt.

«Früher einmal», sagt sie, und noch fällt es uns nicht leicht, Ernst und Ironie in ihrer Stimme zu unterscheiden, «befand sich in diesen Räumen das Naturalienkabinett der österreichischen Kaiser. Ungeheuer aus fernen Ländern wurden hier aufbewahrt: ausgestopfte Affen, Elefanten und Bären. Und wenn der Herrscher zwischendurch einmal etwas Exotisches und Unheimliches sehen wollte, spazierte er aus seinen Gemächern hier hinüber. Das ging lange Zeit so. Doch eines Tages hat man dann gefunden, dass am besten ich hier hineinpasse.» Sie schmunzelt, geht zum Fenster, öffnet es und zündet sich eine Zigarette an – dies ist, wir ahnten es, eine Bibliothek nach unserem Geschmack.

Eva Irblich hat Romanistik und Geschichte studiert, und in der Handschriftenabteilung der Nationalbibliothek ist ihr nicht nur der Bachmann'sche Nachlass anvertraut. Doch dieser, der am meisten Nachgefragte und Benutzte hier, hat eine persönliche Forscherinnen- und Kombinationsleidenschaft in ihr geweckt. Kein Bachmann-Spezialist, der sich nicht unter ihrer Aufsicht und besonderen Fürsorge in die mit präzisen Angaben im Voraus bestellten Partien aus dem nahezu zehntausend Blatt umfassenden Materialkonvolut vertieft hätte, unter dem sich auch ein Schulheft der Autorin aus dem Jahr 1945 sowie zu verschiedenen Zeiten in schwarzer und blauer Tinte oder mit Bleistift bekritzelte Zettel finden. Nicht minder intensiv als die Fach-Exegeten hat die Hofrätin selbst sich in den zurückliegenden Jahren die literarischen Schriften sowie andere papierene Hinterlassenschaften Ingeborg Bachmanns vorgenommen und sich auf dieser Grundlage ihr eigenes Bild von der Autorin erarbeitet.

«Ingeborg Bachmann galt ja», sagt sie jetzt, da wir zwischen den Stapeln von grauen Kartons beim Kaffee beisammensitzen, «als chaotisch, an Ordnungssystemen desinteressiert». Sie selbst hingegen ist bei ihren Materialstudien auf eine Person gestoßen, die alles Erdenkliche sorgfältig aufbewahrte, eine überdies, die sich ungewöhnlich hilfsbereit für andere einsetzte: für die Übersetzung von Autorenkollegen, für den Musil-Nachlass etwa oder auch für Anliegen des Österreichischen Kulturinstituts in Rom – lauter Dinge also, die mit ihren eigenen Belangen nichts zu tun hatten und die Vorstellung von der solipsistisch auf sich selbst fixierten Schriftstellerin dementieren. Überdies kann die Nachlassverwalterin präzise nachweisen, dass sich Gegenstände aus Bachmanns eigenem Haushalt in den Beschreibungen des Ungargassen-Interieurs im «Malina»-Roman wiederfinden. Dessen Lektüre als verdeckte Autobiografie erscheint ihr danach absolut gerechtfertigt, ja, geradezu zwingend: «Selbst die umbrischen Bücherschränke kommen vor!»

Natürlich habe Ingeborg Bachmann im verständlichen Beharren auf Diskretion ihre reale Existenz literarisch verschlüsselt und übermalt. Es sei dennoch durchaus nicht schwer, ihren Spuren auch heute noch nachzugehen, ob nun in den Romanen oder in der Wirklichkeit. Man werde ja sehen! In einer besonderen Schachtel habe sie hier einmal allerhand Belege über Aktivitäten, Einkäufe, Reisen oder auch Pläne Ingeborg Bachmanns von deren verschiedenen Lebensorten bereitgestellt, gerade erst seien sie von den Erben freigegeben worden. In dieser Sammlung werde man etwa den Meldezettel vom 20. November 1972 für eine «Übergangswohnung» am Wiener Opernring Nr. 19 finden – der definitive Beweis dafür, dass die Autorin kurz vor ihrem Lebensende nach Wien habe zurückkehren wollen. «Ich habe mir gedacht», sagt die Hofrätin bescheiden, «dass das Sie interessieren könnte.» Das ist allerdings der Fall, und wir werden in diesem Material auf erstaunliche Spuren stoßen.

Was nämlich benötigte eine achtundzwanzigjährige Dichterin, mit 1000 Mark Preisgeld der Gruppe 47 in der Tasche, überdies versehen mit einigen Lesungshonoraren, mit dem gerade erschienenen ersten eigenen Lyrikband sowie einem Hörspiel-Vertrag, im Jahr 1954 in ihrer ersten kleinen Wohnung in der Stadt Rom? «1 graues Kostüm 300 Schilling, 1 schwarzes Kleid + Seidentücherl 100 Sch., 3 Paar Schuhe 200 Sch., 1 Seidenbluserl 60 Sch., 1 schw. Ripsseidenjackerl 100 Sch., 2 Leintücher 100 Sch., 1 Kissenbezug 20 Sch., 2 Handtücher 40 Sch.» – summa summarum 7100 Gramm im Wert von 900 Schilling in einem Paket, das am 10. 3. 1954 von der Mutter Olga Bachmann in Klagenfurt an die «Dottoressa Ingeborg Bachmann, presso Riccardi, Via di Ripetta 226, Roma» aufgegeben wurde. Dies jedenfalls besagt in allen Einzelheiten die Zollerklärung, die wir nun in Händen halten, und danach wissen wir nun auch, wie das Frl. Dr. Bachmann im Frühjahr 1954 in ihrem «erstgeborenen Land» gekleidet war und worin sie sich bettete. Was wir etwa aber auch finden unter diesen zufälligen Hinterlassenschaften aus der letzten römischen Wohnung der Schriftstellerin: eine Karte vom Juli 1955 über eine Schiffspassage mit der «Queen Elizabeth» nach New York sowie einen Brief der Cunard Line vom 27. Juli desselben Jahres an «Miss I. Bachmann, c/o Harvard University, 10 Veld Hall, Cambridge, Massachusetts». Dieses Schriftstück besagt, dass die vergessliche Adressatin sowohl ihren Pass als auch *various other documents* an Bord zurückgelassen hatte – und also offenbar ohne Reisepapiere, insbesondere aber ohne ihr Visum, in die USA eingereist sein musste; ein Vorgang, der während der Amtszeit des Kommunistenjägers McCarthy, der es vorzugsweise auf Künstler abgesehen hatte, als undenkbar galt. Auch hinter diesem Ereignis aber liegt eine Verkettung von Umständen, deren Verlauf eine typisch Bachmann'sche Klimax bezeichnet: Gegen extreme Schwierigkeiten, die durch eigene Konfusion und Abgelenktheit entstanden sind, werden Charme und erstklassige Beziehungen ins Feld geführt, und am Ende geschieht das Unwahrscheinlichste – die politisch nachweislich links stehende Dichterin, bar jeglichen amtlichen Ausweispapiers, geht in *God's own country* gelassen an Land, als könnte es gar nicht anders sein.

Nachvollziehen können wir aufgrund des Kartoninhalts voller bunt gemischter Lebenszeugnisse aber nun überdies, dass Ingeborg Bachmann am 15. November 1958 ins «Haus Nr. 21, Feldeggstraße» in Zürich ein- und am 4. Juni 1959 ins Haus zum Langenbaum in Uetikon am See umgezogen ist. Auch einen Beleg für die Ausstellung eines Schweizer Führerscheins zum Preis von vier Franken finden wir hier sowie eine Rechnung über «1 Teekanne, 1 Suppenschüssel, 6 Mokkatassen mit Goldrand (‹Berlin Urbino›)» für 126 Franken aus dem Jahr 1959 – da wurde offenkundig in Zürich ein Hausstand auf den jüngsten Stand der Speisekultur gebracht.

Tatsächlich also sind wir hier in eine Schatzkammer gelangt und sind nun ungeduldig, auch an den Inhalt der anderen, von der Hofrätin selbst gefalteten Kartons auf dem Lese- und Arbeitstisch heranzukommen; sie werden uns die Korrekturfahnen der Erzählung «Drei Wege zum See» freigeben sowie den Umbruch des «Malina»-Romans. Und gänzlich unerwartet wird uns hier dann auch eine unfreiwillig komödiantische Ingeborg Bachmann entgegentreten – bei der Lektüre der Manuskripte, Druckfahnen-Korrekturen und Notizzettel stoßen wir auf grandiose Tippfehler: «Pogmmnsusi» lesen wir da etwa anstelle des offenkundig beabsichtigten Wortes «Programmmusik» oder «Drhrirftwtlelr» für «Schriftsteller». Frappierende Sprünge in der Nummerierung einzelner Blätter wiederum zeigen an, dass die Autorin inhaltlich unmittelbar aufeinander folgende Seiten an ganz verschiedenen Plätzen in ihrer Wohnung abgelegt hatte (und erheben damit einen kleinen Einwand gegen Dr. Irblichs Bild von der ordnungsliebenden Dichterin).

In Manuskripten und Druckfahnen sehen wir Ingeborg Bachmann nun also bei der Arbeit zu. An den Rand eines Blattes hat sie geschrieben: «klingt blöde», dann wieder fragt sie bei ihrem Lektor an, ob es denn eigentlich «unter dem strengsten Siegel der Verschwiegenheit» oder nicht doch «unter dem Siegel der strengsten Verschwiegenheit» heißen müsse. Vor allem aber stoßen wir, je mehr Seiten wir umwenden, immer wieder auf dasselbe Phänomen: Noch bis in die letzte Fahnenkorrektur hinein kühlte die Autorin mögliche Überhitzungen ihrer Erzählweise konsequent herunter – wo vorher etwa «abnorm» stand, heißt es am Ende einfach «ganz fremd». Die dauerhaft im inneren Ausnahmezustand befindliche Literatur-Pythia, der die

Worte übergingen und die ihre Texte am Rande des Wahns verfasste – auch diese verbreitete Vorstellung erweist sich angesichts dieses Arbeitsmaterials als eine Legende.

Es beginnt schon zu dunkeln, als die Besucherin der Hüterin des Bachmann-Schatzes schließlich ins Allerheiligste folgen darf, in den Bauch der Nationalbibliothek, wo auf einfachen Regalbrettern, geschützt durch modernste Sicherheitstechnik und doppelte Feuertüren, neben den Autografen Beethovens und Schillers auch Ingeborg Bachmanns Manuskripte verwahrt werden. 1975 hatten deren Erben – die inzwischen verstorbene Mutter sowie Schwester und Bruder – der Republik Österreich den literarischen Nachlass mitsamt der Korrespondenz zum Geschenk gemacht. Und hier werden die Blätter ihrer Hinterlassenschaft seither gemäß den Vorschriften für Handschriften aus der Zeit nach 1600 versorgt.

Auch ein grauer Metallschrein erhebt sich da im schummrigen Licht, darinnen erkennen wir orangefarbene, vielfach versiegelte und gestempelte Kuverts – das ist der bis ins Jahr 2025 gesperrte Briefwechsel der Autorin. Ein Celan-Autograf vom 2.11.1957 etwa enthält Übersetzungen von Gedichten, die der Dichter einem Brief an Ingeborg Bachmann beilegte, «Lies, Ingeborg, lies!», steht handschriftlich darauf zu lesen; in einem anderen Brief finden sich Vertonungen. Und wer waren die übrigen Korrespondenzpartner? Ach, vergebliches Fragen. Nicht einmal einen Namen darf der neugierige Gast von den Umschlägen ablesen. Im Jahr 2008 werde voraussichtlich der von Hans Höller besorgte Briefwechsel zwischen Ingeborg Bachmann und Paul Celan erscheinen, teilt Dr. Irblich lediglich mit, und 2012 laufe die Sperrfrist für den Briefnachlass Max Frischs ab. Schon schließt sich die Schranktür wieder. «Eine Bachmann-Biografie», sagt die Hofrätin noch mit freundlicher Strenge, «wird selbstredend erst möglich sein, nachdem der gesamte Briefwechsel der Autorin zugänglich ist.» Keine Frage, anders geht es nicht. Aber zu wessen Schutz eigentlich wird dies alles, als handele es sich um die Goldbarren von Fort Knox, derart besorgt unter Verschluss gehalten? müssen wir doch noch fragen. Die Hofrätin ist ein Muster an Zurückhaltung und Diskretion, nirgends könnte die stets ängstlich um die Wahrung ihrer persönlichen Geheimnisse besorgte Schriftstellerin Bachmann besser aufgehoben sein. Keine Antwort also auch hier.

Und so tappen wir, mit aller Sympathie entlassen, in einen zugigen Wiener Abend hinaus. Unsere Zeit wird gerade noch für eine Schokolade im Kaffeehaus «Demel» reichen, wo der Chefkonditor hinter einer riesigen Glasfront offenbar sich schon länger vergeblich müht, einem kindshohen Schokoladenmann in Jägertracht und mit Schokoladenschießgewehr einen entsprechend schokoladigen Hut aufzusetzen – wütend knallt er das klebrige Gebilde zum fünften Mal wieder auf die Arbeitsplatte und fängt von vorn an. Dies also ist unser Abschiedsanblick im inneren Wien: sehr süß, vollkommen konzentriert und mit einem ordentlichen Schuss Wut dahinter.

7

Bei unserer Ankunft am Flughafen drei Tage zuvor hatten wir im Vorüberlaufen nur eben aus dem Augenwinkel eine Aufschrift auf einer Anzeigetafel wahrgenommen: «Abfahrt Bus Richtung Kagran 20 m rechts». Der sperrige Name hatte uns diffus an etwas erinnert, doch woran, konnten wir so rasch nicht herausfinden, zu beschäftigt mit unserem Weg in die Stadt. Erst später dann, unterwegs im «Ungargassenland», fiel es uns wieder ein: Die «Prinzessin von Kagran» war die Heldin jener «schönen Geschichte» im «Malina»-Roman, die der so selbstgewiss im Leben verwurzelte Liebhaber Ivan sich von der krisengeschüttelten Schriftstellerin gewünscht und die diese auch zu schreiben versucht hatte; zu einem glücklichen Abschluss aber hatte sie sie nicht führen können. Dass auch ein wirkliches Kagran existieren könnte (wenngleich vielleicht nicht als ein Königreich), es wäre uns bei der Lektüre nicht in den Sinn gekommen. An diesem Abend nun erschließt es sich durch einen Zufall, und Kagran entpuppt sich als ein Vorort von Wien, an der Donau gelegen – hier in den Flusswiesen trafen sich im Frühling 1948 Ingeborg Bachmann und Paul Celan, und das Wappen der Ortschaft zeigt den Heiligen Georg, wie er den grässlichen Drachen besiegt: vor den Hufen des Pferdes sieht man das Untier, vom Schwert durchbohrt, auf seinem Rücken liegen.

Auf der letzten Station unserer Reise werden wir dem Fabelwesen mitsamt seinem Helden wieder begegnen, auf dem Marktplatz der kleinen und schönen Stadt Klagenfurt. Doch in wie anderer Haltung finden wir die beiden da: In sicherer Entfernung hält sich der Drachentöter vom Ungeheuer, er nimmt es lediglich fest in den Blick. Dieses aber wirkt putzmunter und keineswegs so, als fürchte es sein baldiges Ableben, und auch der Heilige scheint dem überlieferten Ausgang der Begegnung nicht recht zu trauen.

In diesem Zeichen also werden wir in der Geburtsstadt Ingeborg Bachmanns deren Schwester treffen und noch einmal von einem ganz anderen Mythos hören: die Geschichte vom Landmädchen, das in die Welt zog, um als Schriftstellerin Ruhm und Ehre zu ernten, und das selbst als Frau von Welt immer wieder ins väterliche Haus zurückkehren sollte. Vor Ungeheuern durch keinen Heiligen beschützt, ja, nicht einmal vor den Helden selbst.

IV Klagenfurt

1

«Als der Krieg zu Ende war, ging ich fort und kam voll Ungeduld und Erwartung nach Wien, das unerreichbar in meiner Vorstellung gewesen war (…) Und wenn ich später auch nach Paris und London, nach Deutschland und Italien gekommen bin, so besagt das wenig, denn in meiner Erinnerung wird der Weg aus dem Tal nach Wien immer der längste bleiben …»[99] Irgendwann im Sommer 1952 hat Ingeborg Bachmann einen kleinen autobiografischen Text verfasst, den sie im November desselben Jahres dann im Funkhaus Hannover dem Publikum des Norddeutschen Rundfunks vortrug. Zu diesem Zeitpunkt hatte sie an ihrer ersten Tagung der Gruppe 47 gerade teilgenommen, jetzt wurde es Zeit, der Welt, die über die literarische Debütantin in Erstaunen und Entzücken verfallen war, mitzuteilen, um wen es sich hier eigentlich handelte. Und weil manches der 26-jährigen Rundfunkredakteurin aus Wien offenbar nicht reizvoll, nicht ausdeutungsfähig genug geklungen hätte fürs große deutsche Publikum, hatte sie dabei hier und da ein kleines bisschen gemogelt – und hatte die Mogelei in einer zweiten Fassung des biografischen Texts dann noch ein klein wenig wieder abgemildert.

«In einem Dorf»[100] sei sie groß geworden, hatte Ingeborg Bachmann zunächst auf ihr Lesungsblatt geschrieben, die Behauptung schließlich aber, etwas neutraler und vager, in «auf dem Land»[101] geändert. Im Übrigen jedoch blieb es bei folgendem Bildnis: «Ich habe meine Jugend in Kärnten verbracht, im Süden, an der Grenze, in einem Tal, das zwei Namen hat – einen deutschen und einen slowenischen. Und das Haus, in dem seit Generationen meine Vorfahren wohnten – Österreicher und Windische –, trägt noch heute einen fremdklingenden Namen. So ist nahe der Grenze noch einmal die Grenze: die Grenze der Sprache – und ich war hüben und drüben zu Hause, mit den Geschichten von guten und bösen Geistern zweier und dreier Länder; denn über den Bergen, eine Wegstunde weit, liegt schon Italien, das ich nie gesehen habe.»[102]

«Das ich nie gesehen habe» – dieser letzte kleine Nebensatz verschwand dann auch. Denn erstens war er nicht wahr. Just im Sommer 1952 hatten die Schwestern Ingeborg und Isolde Bachmann auf einer gemeinsamen Urlaubsreise zum ersten Mal ihren Fuß ins Gelobte Land des Vaters, auf italienischen Boden, gesetzt. Und zweitens war die Behauptung, Italien noch nie gesehen zu haben, dem Dichterinnen-Porträt, an dem hier auf kleinstem Raum mit ganz genau gesetzten poetischen Strichen und Farben gearbeitet wurde, am Ende vielleicht doch nicht so förderlich – weil sie in ihren Angaben zu konkret war und damit vom Pfad der schönen Einbildungskraft ab führte.

Denn was sahen die Hörer im deutschen Norden bis hierhin vor sich? Ein Kind vom Lande sahen sie, eines aus dem «Süden», aufgewachsen in einem seit alters bestehenden Haus, das einen geheimnisvollen Namen trug –

und Geheimnis war hier auch sonst alles: das Tal, die beiden Sprachen, welche zwei Kulturen zugehören, die «Geister», die frei über den Grenzen gleich dreier Länder hin und her wehen. Denn Provinz mochte dies ja wohl alles sein und Enge wie Begrenzung auch atmen, im Tal unter den Bergen. Doch lag jenseits dieser Berge immerhin, «eine Wegstunde weit, (...) schon Italien» – die Weltkultur also, Herz, Geschichte und Tradition des Abendlands. Und diejenige, die dies erzählte (und ihren raunend-flüsternden Ton dabei können wir uns vorstellen), hatte an alledem Anteil, an Welt und Enge zugleich.

Ob freilich nur vermittelt über die Sprachen und die «Geister» oder auch tatsächlich, man erfuhr es nicht. Doch war es überhaupt wichtig? Wichtig war hier: Ich komme aus der Provinz – aber aus was für einer! Hört, wie geheimnisvoll sie ist, von Übersinnlichem durchwebt und in sich selbst gar nicht eins, mit ihren beiden Idiomen! Und weil es nach Deutschland, Paris und London immerhin auch schon gereist ist, das Landkind, hat es selbst den Ruch des Provinziellen ohnedies längst abgestreift, der dem sagenhaften Land der Kindheit angehört. Schon sehen wir dem ursprünglichen Naturwesen dabei zu, wie es sich seinen Weg nach Wien bahnt, hinaus in die Weite, «voller Erwartung und Ungeduld», jenen Weg, der für das Mädchen aus dem Tal «immer der längste bleiben» wird. Und ist nicht auch dies ganz erstaunlich rätselhaft und schön? Warum also sollte da, nachdem die Zeiten, die Länder und Orte einmal so stimmungsvoll miteinander vermischt, ineinander verwischt sind, eine präzise Angabe wie diejenige stören, dass man womöglich noch nie in Italien war?

Gleich zöge es den Mythos hinunter ins Faktische, auch Überprüfbare. Und entfällt also. War ja ohnedies nur ein kleiner, ein poetischer Schwindel.

Eine bessere Reiselektüre als dieses frühe Stückchen Bachmann-Text kann es nicht geben für den, der sich eben selbst auf den Weg macht, die lange Strecke zurück nun, von Wien nach Klagenfurt, in Ingeborg Bachmanns Geburtstadt. Denn das gehörte ja auch zu den dichterischen Halbwahrheiten dieser Hörfunk-Kurzbiografie, dass die später, in den sechziger und siebziger Jahren, so mondäne Autorin, die Weltreisende und Welt-Dichterin, etwa vom Dorf stammte. Es war vielmehr die Familie ihres Vaters, die in Obervellach im Gailtal ansässig war, wohin die vom Unglück gezeichneten Heldinnen in ihren späten Romanen dann immer wieder glücklos zurückzukehren versuchen. Ingeborg Bachmann selbst aber war in der Provinzhauptstadt geboren.

2

Eines allerdings ist wahr geblieben, auch mehr als ein halbes Jahrhundert, nachdem die Autorin an ihrem Medien-Mythos zu arbeiten begann: Es ist ein langer Weg, immer noch. Vom Wiener Südbahnhof aus laut Fahrplan vier Stunden und zwölf Minuten, wegen einer samstäglichen Feuerwehrübung in einem Tunnel de facto dann aber noch einmal zehn Minuten länger, wird die Bahn durch ein verschlafenes Land schnaufen und rumpeln, auf die Berge zu, durch Berge hindurch, vorüber an Tälern, Schluchten und kleinen, wie frisch geputzten Ortschaften, wer aus dem Fenster schaut, kommt sich vor wie ein Passagier auf einer Modelleisenbahn. Und irgendein wohlmeinender Geist aus der Bachmann-Provinz wird uns für diese Reise zurück an den Anfang dieser Lebensgeschichte auch gleich unseren Sitznachbarn ins Zugabteil schicken, ein wettergegerbtes Väterchen mit kleiner Strickmütze, den Körper in einen Fellmantel gehüllt, den Griff seiner ausnehmend fein gearbeiteten Reisehandtasche hält eine Hand im Pelzfäustling umklammert.

Zuerst aber heißt es überhaupt einmal den Bahnhof erreichen an diesem frühen, sehr hellen und eisigen Novembermorgen. Dächer und Straßen sind von Raureif überzogen, Wien scheint noch glücklich im Schlummer versunken, und der Taxifahrer flucht herzerwärmend über das ausgekühlte Fahrzeug, das er eben übernommen hat und in dem uns beiden nun beim Reden der gefrorene Atem vor den Mündern steht – zum Glück ist es nicht weit zum Bahnhof, von dem die Züge nach Italien, Slowenien, Ungarn und in die Slowakei abgehen. Ein verfrorener Schaffner im Pelerinenmantel geht auf dem Bahnsteig auf und ab, wir sehen Familien durch die Gänge des Zuges eilen, auf der Suche nach ausreichendem Platz für eine längere Reise – und da erscheint er auch schon, freudig feixend unter dem bunt geringelten Mützchen: unser Reisegefährte, unterwegs nach Kötschach, dem Ort an der österreichisch-italienischen Grenze, in dem die Schwester Ingeborg Bachmanns, Isolde Moser, lebt.

Ob er denn die Familie Moser kenne, fragen wir, eher eigentlich aus Höflichkeit, weil er uns so erwartungsfroh anstrahlt und sich schon erzählbereit in seinem dicken Mantel im Abteileck eingerichtet hat.

«Welche Mosers denn?» will er wissen und macht ein pfiffiges Gesicht dazu.

Na, die Familie der Pensionswirtin Isolde Moser, der Schwester von Ingeborg Bachmann.

«Ach die! Mit den vielen Kindern – wie viele waren's gleich noch mal?»

«Sechs, wenn wir dieselbe meinen.»

«Und alles Buben, gell?»

«Nein, eine Tochter hat sie auch.»

«Jajajaja, die Isolde Moser halt, deren Mann das Fuhrgeschäft in Kötschach hatte, ich weiß schon ...»

Und gleich beginnt er zu erzählen, während der Zug sich nun langsam in Bewegung setzt, gemächlich hinaus aus der Stadt und dorthin, wo die Bachmanns und die Mosers zu Hause sind. Von den Kindern berichtet der Mitreisende, von wilden Rodelpartien, bei denen sich die Moser-Jungen im Dunkeln noch mit ihren Schlitten die hohen Berge hinabstürzten. Von grausligen Unfällen auch, die am Ende aber wundersamerweise immer gut ausgingen – «keines ist umgekommen!» –, und vom Dasein im Dorf am Fuße der Alpen überhaupt: «Sie fahren nur den Pass hinauf, gleich sind Sie in Italien!»

Und den Vater der Isolde Moser, ob er den auch noch gekannt hat? Matthias Bachmann, der ja früher einmal Lehrer in Mauthen gewesen ist?

«Was glauben's denn, wie alt ich bin?!»

Da zieht er das Mützlein über die Augen und will für uns verschwunden bleiben, bis der Zug in Klagenfurt einrollt. Das ist noch lang.

Und gibt uns Zeit, nichts zu tun, als in die Landschaft

hinaus zu schauen. Auf grau überfrorenen Wiesen sehen wir da reglose Kühe stehen, die Stationen heißen Leoben oder Knittelfeld, in sich zusammengesunkene, aber auch eben erst erbaute Häuser liegen entlang der Bahnstrecke, auf kleine reifnasse Ebenen folgen wieder hohe Berge, die allmählich mit Wäldern aus dünnstämmigen Birken und Fichten näher heranrücken. Auf einem Bergrücken hängt ein in frischem Gelb und Weiß gestrichenes Kirchlein, eine fast verfallene Burg folgt ein paar Erhebungen weiter, während unten im Dorf die «Fleischhauerei Joseph Kail» ihre Kundschaft erwartet. Nur wenige Menschen steigen an den Bahnhöfen aus, aber zwei junge Mädchen nehmen in unserem Abteil Platz. Jetzt können wir der Heimatsprache Ingeborg Bachmanns zuhören, in der «Verpackung» «Werbockung» heißt, und wir erinnern uns an jene Lesung des Gedichts «Exil», als die Dichterin mit fliegenden Augenlidern intonierte: «Ein Dhodher bin ich, der wandheld ...»

4

Von Wien kommend, liegt Klagenfurt nicht hinter den sieben, sondern wohl hinter siebzig Bergen, und als wir den Zug endlich am frühen Mittag verlassen, sehen wir noch, wie ein Raubvogel mit weiß gesprenkelter Brust, hoch oben auf einem Telegrafenmast postiert, den eben wieder anrollenden Waggons hinterher schaut. In welcher Zeit befinden wir uns hier, wo man von den Hängen der Karawanken das gelbliche Gefieder der Lärchen leuchten sieht, als habe einer Honigkerzen in die finsteren Fichtenwälder gesteckt, und wir auf einer Hauswand in weißer, roter und blauer Schreibschrift lesen können: «Robert, ich liebe dich so!»? An einem Ort sind wir wiederum, an dem Zeit keine Rolle zu spielen scheint. Die gedrungenen k.u.k.-Häuser, die nicht anders auch in Ljubljana, in der ländlichen Umgebung von Prag oder im ukrainischen Lemberg stehen könnten, leuchten in Gelb, Hellgrün, Rosa oder Hellblau, als habe sich seit des Kaisers und Joseph Roths Zeiten gar nichts geändert. Was nicht stimmt, wie wir, Ingeborg-Bachmann-Leser, auch wissen.

Und doch scheint alles an und in dieser Stadt sich immer noch gerade so zu verhalten, wie wir es aus der Literatur, namentlich der ihren, kennen: die Straßen und Plätze, das Kreuzbergl mit seiner Kirche, die Ursulinengasse, in der die kluge und fleißige Schülerin, von ihren Klassenkameradinnen «l'hibou», die Eule, genannt, das Gymnasium besuchte und wo sie eine Matura-Arbeit in Hexametern abgab, die dann keiner zu benoten wusste; nicht zuletzt aber natürlich der See, bis an dessen südöstlichen Rand die städtische Ansiedlung sich ausdehnt. Nur das Café Musil, in dem sich die Erzählerin des «Malina»-Romans «mit einer kleinen Gabel ein Stück Torte zerteilen» sah, zur Belohnung für die bestandene «Aufnahmsprüfung» zum Gymnasium, das gibt es nicht mehr und selbstredend ebensowenig die Lebensmittelkarten, von denen dort ebenfalls noch die Rede ist.[103]

Das Geburtshaus von Robert Musil, in dessen unmittelbarer Nähe wir die Mauerinschrift «Robert, ich liebe dich so!» gelesen hatten, liegt auf unserem Weg vom Bahnhof nun schon weit zurück. Wir folgen der Bahnhofstraße über Kreuzungen und kleinere Querstraßen hinweg, bis wir am Ende zur Linken das Hotel «Moser Verdino» erkennen mit seiner luftigen Glasüberdachung und den metallenen Pfeilern aus dem Jugendstil – dieser Bau stand, wie das Allermeiste hier, schon weit vor Ingeborg Bachmanns Zeit an seinem Platz. Und während wir uns drinnen nun auf die Suche nach unserem Zimmer machen, passieren wir nicht nur einen Veranstaltungsraum namens «Gustav Mahler», der seinen Namen offenbar vom Lieblingskomponisten der Dichterin hat, sowie einen anderen mit der Aufschrift «Thomas Koschat», benannt nach einem Mann, den die Roman-Erzählerin einmal den «größte(n) Sohn unserer Stadt» nennt und eigens ausweist als den «Komponist(en) des Liedes ‹Verlassn, verlassn, verlassn bin i›»[104] – unser Weg durch die Hotelflure führt schließlich auch an einer Messingplakette vorüber, auf der «I. Bachmann» eingraviert ist, einem weiteren Saal also, in dem sich die Bürger der von Parteigängern des rechtsnationalistischen Landeshauptmanns Jörg Haider regierten Provinzhauptstadt zu Fortbildungen und Vorträgen, zu Wein, Kaffee und Kuchen versammeln.

Die Überlagerung von Gelesenem und tatsächlich Vorhandenem gibt auch hier wieder binnen kürzester Zeit allem einen leicht unwirklichen Anhauch. Und denkt man sich noch hinzu, was der Freund der Autorin aus den Jahren der Gruppe 47, Uwe Johnson, in seinem Gedächtnisbuch über Ingeborg Bachmann und deren Herkunftsort wiedergegeben hat, verschiebt sich die Stimmung sogleich ins Unwohlige. «Man müsste überhaupt ein Fremder sein, um einen Ort wie Kl länger als eine Stunde erträglich zu finden, oder immer hier leben», schrieb die Autorin am 5. Juli 1970 aus Klagenfurt und fuhr fort: «Vor allem dürfte man nicht hier aufgewachsen sein und ich sein und dann auch noch wiederkommen.»[105]

Das Unbehagen freilich erwächst vor allem aus der Vorstellung, dass diejenige, die dies so klar formulierte und empfand, immer wieder, und nicht selten für Wochen oder Monate, dennoch hierher zurückkehrte: ins Elternhaus in der Henselstraße Nr. 26, in dem sie seit 1933 mit Vater, Mutter und Schwester, seit dem Jahr 1939 dann auch mit dem 13 Jahre jüngeren Bruder Heinz gelebt hatte. Die Schwester Isolde, die seit Jahrzehnten schon in derjenigen Region Kärntens beheimatet ist, aus der die väterliche Familie stammt, ist eigens von dort herübergekommen, um mit uns über Ingeborg Bachmann zu sprechen. Heute gehört dem Bruder das Haus in der Henselstraße, dessen eine Hälfte einer der Söhne von Isolde Moser bewohnt, sie selbst kommt zeitweilig zum Arbeiten hierher oder auch zum Übernachten, wenn die Geschäfte in der Stadt einmal zu lang gedauert haben wie es auch an diesem Abend sein wird.

Hauswirtschaftslehrerin ist Isolde Moser in jenem kleinen Ort am Fuße der Alpen gewesen, hat sechs Kinder großgezogen und daneben auch noch eine Pension betrieben, was sie bis heute tut – in diesem Jahr achtzig Jahre alt, klein, wach, konzentriert und mit immer noch raschen Bewegungen. Wer die Fotos der älteren Ingeborg Bachmann kennt mit den gebauschten, hellblond gefärbten Frisuren, der auffallend modischen Kleidung und dem ausladenden Schmuck, dürfte in der kleinen agilen Person mit der Kurzhaarfrisur, die jetzt die Pforte zum unscheinbaren Reihenhaus öffnet, die Schwester wohl kaum erkennen. Und gegensätzlichere Lebensentwürfe als diejenigen der beiden Frauen sind ja auch schwer vorstellbar: Hier das Dorf, dort die Welt, hier die vielköpfige Familie, dort die verunglückenden Beziehungen, Schulunterricht in praktischen Fächern und Pensionsbetrieb im einen, künstlerisches Jet-Set-Leben, angestrengte intellektuelle wie literarische Arbeit und ruheloses Umherziehen im anderen Fall – nicht leicht auszumachen, wie das in einer Familie zusammenpasste. Doch täusche man sich nicht: Es sind die beiden Welten, in denen die Dichterin Bachmann lebte, bis zu ihrem Tod in Rom.

Wir kennen Fotografien, auf denen das Haus in der Henselstraße ausschaut, als sei es eine lauschige, zurückgesetzt hinter Bäumen wie verwunschen ruhende kleine Villa. Das ist das Kunstwerk der Fotografen, die die Tatsachen dem Nimbus der Autorin ein wenig angleichen wollten. Das Bild, das Ingeborg Bachmann selbst zeichnete, sah anders aus. Darin erscheint die schmale, heute baumbestandene Straße als eine «Siedlung, die unter Hypotheken zahm und engherzig ausgekrochen ist», das eigene Häuschen nah von Nachbarhäusern und deren Bewohnern bedrängt: «Sie haben links eine Nachbarschaft mit Boxerhund und rechts Kinder, die Bananen essen, Reck und Ringe im Garten aufgemacht haben und schwingend den Tag verbringen. Sie freunden sich mit dem Hund Ali an und rivalisieren mit den Nachbarskindern, die alles besser können und besser wissen.»[106]

Immerhin, dies war ein «Haus ohne Hausherr»[107], anders als in der ersten engen Wohnung in der Durchlaßstraße draußen beim Flughafen. «Jemand ist auf die Idee

gekommen, den Flugplatz neben den Friedhof zu legen», schreibt Ingeborg Bachmann in ihrer Kindheitserinnerung, «und die Leute in K. meinten, es sei günstig für die Beerdigung der Piloten, die eine Zeitlang Übungsflüge machten.»[108] Für Kinder war das Mietwohnungsleben in der Durchlaßstraße jedenfalls nicht gemacht. Sie müssen «die Schuhe ausziehen und in Strümpfen spielen, weil sie über dem Hausherrn wohnen. Sie dürfen nur flüstern und werden sich das Flüstern nicht mehr abgewöhnen in diesem Leben. In der Schule sagen die Lehrer zu ihnen: Schlagen sollte man euch, bis ihr den Mund auftut. Schlagen … Zwischen dem Vorwurf, zu laut zu sein, und dem Vorwurf, zu leise zu sein, richten sie sich schweigend ein.»[109]

Dies alles ist in der Henselstraße nun vorbei, Ingeborg Bachmann ist sieben, ihre kleine Schwester fünf Jahre alt: Sie «nisten sich auf dem Dachboden ein und schreien manchmal laut im Versteck, um ihre verkrüppelten Stimmen auszuprobieren. Sie stoßen leise kleine Rebellenschreie vor Spinnennetzen aus».[110] Während wir mit Isolde Moser und ihrem Sohn über den Plattenweg zur Haustür gehen, können wir uns in dieser Schwester ein auf dem Dachboden umherspringendes, temperamentgeladenes Rebellenwesen immer noch gut vorstellen und ebenso die Nähe, die die Kinder wie dann die erwachsenen Frauen trotz ihrer extrem unterschiedlichen Lebensläufe füreinander empfunden haben müssen. Das Typoskript ihrer Erzählung «Jugend in einer österreichischen Stadt», die 1959 zum ersten Mal in der römischen Zeitschrift «Botteghe Oscure» veröffentlicht wurde, hat Ingeborg Bachmann der Jüngeren im selben Jahr mit einer handschriftlichen Widmung geschenkt: «Für meine Schwester, für Isi, aufbewahrt. Ingeborg 1959» steht darauf – es war ihre gemeinsame Kindheit und Jugend, die darin «aufbewahrt» war. Oder doch deren größter Teil, wie wir gleich hören werden.

5

Im Haus ist es an diesem Spätnachmittag im November kühl, die Raumaufteilung darin überaus übersichtlich: Rechts vom Eingang hat sich Isolde Mosers Sohn, der am Klagenfurter Landeskrankenhaus zuständig ist für die Beschaffung der Medikamente, eine Wohnung eingerichtet – und linkerhand befindet sich die Wohnung von Ingeborg Bachmann. Damit hatten wir nicht gerechnet. Mutter und Sohn sind uns vorausgegangen, und als auch wir eintreten in die Kühle des lang gestreckten, nicht besonders breiten Raumes, erkennen wir sogleich die Berliner Biedermeiermöbel, die später dann in der Via Bocca di Leone und danach in der Via Giulia ihren Platz fanden, an der Längswand stehen die Bücherschränke, von denen die Hofrätin Dr. Irblich in Wien sprach (und darinnen die Bücher, die angeblich nie jemand zu Gesicht bekommt). Eine ausladende Sofagarnitur in plüschigem Graublau erstreckt sich an der Wand ihnen gegenüber, und während Isolde Moser sich in die üppigen Polster sinken lässt, bemerkt sie wie nebenbei: «Die hat ja der Fausto damals in Rom für die Ingeborg ausgesucht.»

So sind sie nun alle hier versammelt, im Kinder-Haus in der Henselstraße und mit den Einrichtungsgegenständen scheinen plötzlich auch die Menschen anwesend, die zu ihnen gehörten. Uns wenigstens würde es nicht im Geringsten wundern, wenn sich im Dämmerlicht dieses Novembernachmittags gleich die Tür noch einmal auftäte und mit dem im Frühjahr 2007 überraschend verstorbenen Freund Fausto auch «die Ingeborg» einträte – so, als wären wir gar nicht da, als wäre dies immer noch ihrs: belebt und bewohnt, ein guter Ort, um eine Schallplatte aufzulegen und ein paar Eiswürfel ins Whiskyglas zu geben, wie es Bachmanns Romanhelden gegen Abend zu tun pflegen. Doch ist dies jetzt ein Ort, an dem die Toten sind, und dass dies kleine Privatmuseum ihrer früheren Existenz sich gerade im Elternhaus zu Klagenfurt befindet, die Dichterin selbst hätte es vermutlich auch nicht wenig erstaunt.

Die Möbel, reichlich umhergezogen ohnedies, hatten noch mehrmals übersiedeln müssen, bis sie endlich hier zur Ruhe kamen, berichtet Isolde Moser – der Raum, in dem einst ein «Zimmerherr» logierte, «weil die Eltern das Geld brauchten», hatte sich als zu klein erwiesen für die Wohnzimmereinrichtung der Schwester; eine Erweiterung wurde eigens nach hinten hinaus angebaut, damit sie darin ihren Platz fanden. Hier also residiert die endgültig Heimgekehrte nun als Anwesend-Abwesende, und es ist ein eigentümliches Gefühl, das eine Leben derart in ein anderes, frühes, zurückverpflanzt zu sehen, die beiden Welten der Ingeborg Bachmann jetzt verschmolzen in einer.

Isolde Moser, die zusammen mit ihrem vor Jahrzehnten nach England gezogenen Bruder Heinz den Nachlass der Schwester verwaltet, die mit ihm darüber entscheidet, was an nachgelassenen Schriften und Briefen veröffentlicht wird und wer die Ausgaben besorgen soll, die gemeinsam mit dem Bruder auch selbst schon einzelne Nachlass-Bände zusammengestellt hat – Isolde also lebt ohnedies täglich mit «der Inge»: eine Beziehung, die über all den Anfragen zu Werk und Person der Toten, angesichts all der Arbeit mit und an dem, was sie hinterlassen hat, nicht enden kann und bis heute die frühe Verbundenheit der beiden Mädchen fortschreibt, so, als könne es gar nicht anders sein, als wäre da auch nie etwas anderes gewesen.

Einen «lauten Schrei» hatten die Kinder ausgestoßen, erinnert sich die Schwester, als sie aus dem Stummheitsregime in der Durchlaßstraße endlich in die Freiheit der Henselstraße entlassen waren, und hatten andererseits eine Geheimsprache nur für sie beide erfunden, mithilfe derer sie sich sogar während der Mahlzeiten, ohne den Familienfrieden und die Erfordernisse der guten Erziehung zu verletzen, rasch verständigen konnten. «Es war eine Fingersprache», erklärt Isolde Moser, «die wie eine Sprache für Taubstumme funktionierte. Mit den Zeichen konnten wir einander wortlos ‹Ja› und ‹Nein› oder ‹Komm, wir gehen› sagen.» Auch in der autobiografischen Erzählung ihrer Schwester kommt dies Signalement vor: «Die Kinder gehen dazu über, sich mit geübten Fingern stumme Nachrichten zu geben»[111], heißt es dort. Ein Schutz war die geheime Kommunikation also vor der Erwachsenenwelt, jenseits derer «die Kinder» ihren eigenen Raum zu bewahren versuchten. Was umso notwendiger war, als in die große Welt alsbald der Krieg einbrach, während die Kinder immer noch Kinder waren, dreizehn und elf Jahre alt und vollauf beschäftigt mit der Schule, mit Spielen und geheimen Lektüren.

Wir stellen uns nach Isoldes Erzählungen ein Familienleben vor, in dem zwar keine Reichtümer zu verwalten waren – nach einem Fest fürs Leben sah nichts darin aus, alles vielmehr nach einem fest gefügten Rahmen für ein überschaubares Dasein in der Gegenwart wie in der Zukunft –, in dem es jedoch andererseits auch keine Not gab und der eng gesteckte materielle Rahmen allemal durch die Zuwendung der Eltern kompensiert wurde. Von endlos langen Wanderungen im Sommer erzählt Isolde Moser, die hinaus zum Strandbad am Wörthersee führten – und wohl früh Maßstäbe setzten für die spätere energische Spaziergängerin Ingeborg Bachmann in Rom –, auch von Winternachmittagen mit der Mutter, die mit ihren Töchtern auf den Klagenfurter Teichen eislaufen ging. Und war schließlich auch dem Wörthersee eine Eisdecke gewachsen, schnallte die Familie am Wochenende die Schlittschuhe unter und sauste über die endlose Fläche. Eine behütete Kindheit also alles in allem, in der sich von selbst verstand, dass die Mädchen nach Einbruch der Dunkelheit im Haus zu sein hatten, in der sportliche Bewegung, Kunst und Musik zählten; weit vor und über allem dabei: die Literatur.

Denn Spielzeuge gab es im Hause Bachmann nur wenige, Bücher dafür umso mehr. Die Eltern liehen sie nicht nur für die Kinder, sondern auch für sich selbst in der Stadtbücherei aus, und zu Weihnachten waren wiederum Bücher das wichtigste Geschenk. Doch auch das Klavierspielen gehörte wie selbstverständlich in dies Bildungsprogramm bürgerlicher Mädchen, und die Schwester kann sich noch gut erinnern, dass «die Ingeborg, wie die Mutter, recht gut Klavier spielte. Aber unser Nachbar», fährt sie fort und kann ein amüsiertes Lächeln nun nicht ganz unterdrücken, «hatte eine Tochter. Sie hieß ebenfalls Ingeborg und wurde am Konservatorium im Klavierspiel ausgebildet. Diese andere Ingeborg spielte wirklich fabelhaft, jeden Tag konnte man es durch die Wände hören. Und so gut spielte die Inge wiederum nicht; vielleicht ein Grund, dass sie das Klavier schließlich aufgab.»

Da sind sie also, die «rivalisierenden Nachbarskinder» aus der Kindheits-Erzählung der Älteren, und alles andere, von dem dort die Rede ist, stellt sich in Isolde Mosers Erzählungen nach und nach ebenfalls ein. Der Krieg als nächstes, das Leben der Heranwachsenden im Zeichen ständiger Bedrohung. Wenige Monate, bevor im Herbst 1939 der Zweite Weltkrieg ausbrach und der Vater schon gleich im September zum Militär einrückte, war der Bruder Heinz geboren worden, «das neue Kind», wie Isolde Moser sagt. «Er wurde besonders von der Ingeborg bemuttert, da gab es immer ein wenig Rivalität mit der Mutter. Das war schon ein wenig sonderbar, wie sie das Kind vereinnahmt hat. Ich habe mich zwar auch gern gekümmert, aber doch nicht so besessen wie sie ...» Und wie wir alle erdenklichen Figuren aus dem realen Leben wie der Literatur Ingeborg Bachmanns in den Kindheitserinnerungen ihrer Schwester schon haben in Erscheinung treten sehen – das Dasein in der scheinbar so idyllischen Stadt, den See, die besessen-selbstvergessenen Lektüren, die Musik –, so manifestiert sich in Gestalt des eifersüchtig gehüteten kleinen Bruders schließlich auch das reale Gegenüber einer in Bachmanns Lyrik wie Prosa späterhin immer wieder variierten Figur:

«Unter hundert Brüdern dieser eine / und er aß ihr Herz / und sie das seine», lautet deren literarisches Leitmotiv. Importiert aus Robert Musils Gedicht «Isis und Osiris», beschwören die Verse im Werk Ingeborg Bachmanns zum einen die platonische Liebe zwischen Bruder und Schwester, nicht minder aber auch das Inzest-Tabu – stets spielt der Bruder die Rolle eines naturhaft mit der Schwester verbundenen männlichen Ebenbildes, eines Spiegels, in dem sie die vergangene Zeit aufrufen wie auch die sich mit den Jahren verschiebenden Beziehungsverhältnisse der beiden untereinander lesen kann. Dem Jüngeren gelten ihre Sorge und ihr bedingungsloser Schutz, als Erwachsenen aber nimmt die Schwester ihn ganz für ihre eigenen Bedürfnisse in Anspruch. Sie begibt sich nun selbst in dessen Obhut, und aus dem einstigen Objekt schwesterlicher Fürsorge wird (ein zuletzt freilich unberührbares) Ziel erotischen Begehrens.[112]

In den Klagenfurter Kriegsjahren aber, als die Stadt vom Oktober 1943 bis zum Ende des Monats April 1945 von schweren Bombenangriffen verheert wird, sind die beiden halbwüchsigen Schwestern zuerst einmal des kleinen Bruders Hüterinnen. «Beim ersten schlimmen Bombenangriff 1943 waren wir allein mit dem Kind», erinnert sich Isolde Moser. «Die Mutter besuchte gerade den Vater in Deutschland, und wir liefen beim Alarm mit dem Kleinen in den Bunker, der unter dem Kreuzbergl war. Wir hatten Angst, ein kurzer Weg war es zwar, aber es war schon dunkel.» Als die Mutter wieder zurückkehrte, war die Schule der Tochter Isolde ausgebombt, Olga Bachmann nahm ihre beiden jüngeren Kinder mit ins Gailtal, nach

Obervellach bei Hermagor ins väterliche Haus – eben dorthin, wohin Ingeborg Bachmann in ihrem biografischen Text aus dem Jahr 1952 ihre eigene Kindheit verlegt hatte. Sie selbst aber, deren Gymnasialausbildung kurz vor ihrem Ende stand, blieb allein zurück im Haus in der Henselstraße. «Ein Bruder meines Vaters kam von Zeit zu Zeit vorbei, um nach dem Rechten zu sehen. Sie kochten manchmal etwas miteinander, aber im Grunde war sie allein hier», bestätigt Isolde.

Zwei grundsätzliche Entscheidungen hatte das Schulmädchen Ingeborg, dem es mit Glück und List gelungen war, sich dem Jungmädel-Dienst des NS-Staats zu entziehen, in dieser Zeit bereits für sich getroffen. «Nein, ich bin sicher», schreibt sie gegen Kriegsende in ihr Tagebuch, «in diesem Land werde ich nicht mehr studieren, in diesem Krieg nicht mehr» – keinesfalls wird sie eine höhere Qualifikation nach Nazi-Regeln anstreben. Und sie wird auch «nicht mehr in den Bunker (...) gehen», wird vielmehr einfach «weiterlesen», Rilke und Baudelaire, «wenn die Bomber kommen. (...) Ich habe keine Angst mehr»[113], heißt die halb trotzige, halb fatalistische Schlussfolgerung. Die Buchstabenwelt ist die letzte, offenbar aber auch die einzige Zuflucht. Aus der konkreten Kriegserfahrung der Jugendlichen im bombardierten Klagenfurt stammt denn auch Ingeborg Bachmanns Motiv, sich später in öffentlichen Erklärungen gegen den Krieg und eine immer gigantischere Hochrüstung der politischen Blöcke einzusetzen. Ihr zeitweiliger Lebensgefährte und Mentor Hans Weigel wird ihr dieses Engagement in seinem maliziösen «Offenen Brief» vorhalten. Doch waren es andererseits gerade pazifistische Gedichte wie «Alle Tage» oder «Freies Geleit», die in der jüngeren Lesergeneration der fünfziger und sechziger Jahre Ingeborg Bachmanns dichterischen Ruhm begründeten.

Und noch eine weitere Erfahrung aus den vierziger Jahren wurde für die Autorin und ihre literarische Arbeit wesentlich. «Als die englischen Truppen über den Plöcken-Pass ins Gailtal heruntermarschierten, kam Ingeborg aus Klagenfurt zu uns nach Obervellach», berichtet Isolde Moser. «Ihre Matura war vorgezogen worden, sie hatte noch Kriegseinsatz bei der Volkshilfe machen müssen. Aber sobald der Krieg zu Ende war, schlug sie sich zu uns durch. Da waren wir nun endlich alle wieder beisammen – und Ingeborg lernte im Gailtal einen jüdischen Besatzungsoffizier österreichischer Herkunft namens Jack Hamesh kennen. In ihren späten Romanen wird er dann in unterschiedlicher Gestalt wieder auftauchen.» Wir erinnern uns an immer wieder überarbeitete Erzählpassagen, an den Versuch, im schon weit gediehenen, dann jedoch abgebrochenen und folglich zu Ingeborg Bachmanns Lebzeiten unveröffentlicht gebliebenen Roman «Das Buch Franza» von der ersten Begegnung eines jungen Mädchens mit einem Abgesandten der Feindesarmee nach Anbruch des Friedens zu erzählen; wenigstens im Roman war dies zugleich das erste Zusammentreffen mit einem Mann, der als Retter erschien.

«Sire» nennt die halbwüchsige Franza den britischen Besatzungsoffizier, in Anlehnung an ihre Gymnasiallektüre des «Don Carlos», und dann heißt es weiter: «Sire war der Captain, aber das erfuhr sie erst später, da sie an diesen khaki-farbenen Wesen keine Uniformzeichen unterscheiden konnte (…) Und sie sagte zu dem Frieden und diesem Mann Sire, und der sah sie an und hörte ihr zu, mit einer Herablassung, wie sie dem Frieden zukam und doch nicht verletzte.(…) Einen ganzen Frühling lang war Frieden und keine Schule und ein Mann, der nie mit ihr lachte und regelmäßig nach ihr sah, aber sie nicht wollte und auch nicht vergewaltigen (…) Beim Abschied, denn er musste plötzlich nach London zurück und hatte ihr vorher nichts davon gesagt, (…) erschrak sie (…). Ob er ihr wenigstens jetzt die Hand? Aber da er gleich Anstalten machte, in seinen Jeep zu steigen, als wäre das nur ein gewöhnliches Wegfahren wie an anderen Tagen, warf sie sich plötzlich wild an ihn und ihre Knochen gegen die seinen, sie wollte die Arme um ihn schlingen, kam aber mit den Fingerspitzen nur knapp bis an seinen Hals und sagte: danke, danke, in beiden Sprachen, und er beugte sich ein wenig herunter und küsste sie, sie küssten einander rasch und einige Male, als könnte der Jeep auf- und davonfahren, allein und ohne ihn, wenn es nicht sehr rasch ging. Damit endete Franzas erste Liebe und sie blieb zurück (…) in der Staubwolke hinter dem Frieden.»[114]

Die Romanfigur Franza wird ihren Friedensretter als erwachsene Frau noch einmal wiedertreffen; er wird sie nicht erkennen, sie sich nicht in Erinnerung bringen. Im realen Leben scheint es zu diesem Vorgang kein Äquivalent gegeben zu haben, wie es überhaupt zwischen der Franza des Buches und der Maturantin Ingeborg Bachmann, die nach Kriegsende zu ihrer Mutter und den Geschwistern von Klagenfurt ins Gailtal gekommen war, vor allem eine Berührung in den äußeren Daten gibt. «Der britische Offizier, den Franza ‹Sire› nennt, kann nicht identisch mit Jack Hamesh sein», stellt Isolde Moser jetzt mit Entschiedenheit fest. «Hamesh war ein emigrierter Wiener Intellektueller, der nach seiner Entlassung aus dem englischen Heeresdienst nach Israel ging. Er führte viele Gespräche mit Ingeborg, war mit uns Mädchen befreundet und auch in unserer Familie gut aufgenommen.»

Im Romanentwurf ist dies alles auf die schwärmerische Beziehung des Mädchens zu einem Besatzungssoldaten eingeschmolzen, und außer dem kleinen Bruder sind Franza von ihrer Familie hier nur die steinalten Großeltern geblieben. Und doch, eben deswegen, gilt, was Hans Höller an unserem Abend in Wien gesagt hatte: «Bei Ingeborg Bachmann gibt es keine strenge Trennung zwischen Kunst und Leben. Von dem, was sie erlebt hat, legt sie nichts ad acta. Sie bearbeitet alles immer wieder neu.»

6

Das kleine Haus in der Klagenfurter Henselstraße liegt längst im Dunkel des Winternachmittags. Nur das Wohnzimmer der Schriftstellerin Frau Dr. Bachmann ist erleuchtet, auf der Straße kein Auto, kein Passant. Auch vom Nachbarhaus her kein Geräusch, schon lange gibt es hier keine Klavier spielende Nachbarstochter mehr, deren Kunst-Übungen man durch die Häuserwände hören könnte. Wir sind tief ins römische Sofa versunken, ein Kräutertee hilft gegen die Kühle, und wir sprechen darüber, wie das Leben in diesem Haus sich mit dem Kriegsende veränderte. Schon bald nämlich verließen beide Töchter das Zentrum ihres Kinderlebens, die ältere zuerst, die im Herbst 1945 nach Innsbruck ging, um Jura zu studieren – «das dauerte aber nur kurze Zeit, bis sie über Graz nach Wien wechselte, wo sie dann mit den Fächern Philosophie, Germanistik und Psychologie weitermachte», ergänzt Isolde. «Einen Sommer lang hat Ingeborg allerdings in Hermagor noch ein Gerichtspraktikum gemacht, und das Interesse an juristischen Fragen ist ihr immer geblieben.»

Auch die jüngere Schwester hatte das Elternhaus gleich nach dem Schulabschluss hinter sich gelassen, in Wien trafen die jungen Frauen dann wieder zusammen. Oft radelte Isolde, die in Grinzing Hauswirtschaft studierte, in die Beatrix-, später dann in die Gottfried-Keller-Gasse, wo die Ältere sich auf ihre Promotion in Philosophie vorbereitete. Und während deren Klagenfurt-Erzählung festhält, dass die Bachmann-Töchter sich als Kinder exzessiven Albernheitsanfällen hingaben – «bei jeder Gelegenheit, sie können sich kaum halten und fallen von der Bank vor Lachen, stehen auf und lachen weiter, bis sie Krämpfe bekommen»[115] –, ist die Zeit der Lachlust auch für die Erwachsenen längst noch nicht vorüber. «Wir haben immer unseren Spaß gehabt», sagt Isolde Moser und muss kichern über das, was ihr dabei einfällt. «Wir hatten sehr ähnliche Stimmen, als wir jung waren. Und wenn das Telefon läutete, das in der Gottfried-Keller-Gasse gleich neben ihrem Zimmer stand, sagte sie manchmal: ‹Geh du!› Wenn ich mich meldete, haben die Leute nicht gemerkt, dass ich am anderen Ende war. Da habe ich mich dann mit ihnen verabredet oder sie irgendwo hingeschickt, das hat uns großes Vergnügen gemacht.»

Durch ihre Schwester stieß auch Isolde Bachmann zu Hans Weigels Café-Raimund-Kreis, sie lernte die vielversprechenden jungen Autoren jener Jahre kennen und begleitete sie zu Lesungen. «Ingeborg und ich haben immer untereinander aufgeteilt, wer mit Hans Weigel ins Theater ging oder jemand anderen traf – wir waren in diesem Kreis so etwas wie eine erweiterte Familie.» Aber kann sie sich vielleicht entsinnen, dass das frischgebackene Frl. Dr. Bachmann, wie wenig später dann und mit nachhaltiger Wirkung in Deutschland vor der Gruppe 47, bei einer Lesung vor Aufregung ohnmächtig vom Stuhl gefallen wäre? Isolde Moser lacht. Nein, an so etwas kann sie sich nicht erinnern.

Und es hätte, denken wir, womöglich auch gar nicht zu der Schwester und deren damaligem Bild von sich selbst gepasst, zwangsläufig handfest-lebenspraktisch versierte junge Frau, die sie in jenen Jahren war: selbst für ihren Unterhalt aufkommend, fest entschlossen, sich nicht in eine Ehe zu verabschieden, sondern als selbständige Autorin ihren Weg zu machen. Die eine oder andere Ohnmacht zwischendurch – von den willentlich nicht zu beeinflussenden Absencen einmal abgesehen – wäre diesem Ziel gewiss eher hinderlich gewesen.

Als die Wiener Zeit für Ingeborg Bachmann zu Ende ging, hatte die Jüngere der Stadt schon längst wieder den Rücken gekehrt: Nach einem weiteren Ausbildungsjahr in Klagenfurt trat Isolde eine Lehrerstelle in Kötschach im Gailtal an – an just derselben Schule, an der auch ihr Vater seine erste pädagogische Position bekleidet hatte. Nun konnte er den Bürgern der Gemeinde die nächste Lehrergeneration aus der Familie Bachmann vorstellen. Und wäre nicht im Mai 1945 der Krieg zu Ende gewesen und hätte seine Tochter Ingeborg in Klagenfurt folglich weiterhin das Lehrerseminar besucht, so wäre auch sie eines Tages dazuzuzählen gewesen. Im Unterschied zu ihrem Vater und der großen Schwester aber sollte Isolde für die kommenden Jahrzehnte auf diesem familiengeschichtlich geprägten Boden bleiben, alsbald fest im kleinen Flecken am Plöcken-Pass verankert durch ihre eigene Familie wie durch die Arbeit als Lehrerin und Pensionswirtin. Im Kärntner Besuchsprogramm ihrer Schwester aber wurde Kötschach seit Anfang der fünfziger Jahre zu einer fest eingeplanten Station.

7

Wo schon nicht Lehrerin, hätte Ingeborg Bachmann allerdings ebensogut auch zu der «Heimatdichterin» werden können, als die sie sich Hans Werner Henze bei ihrer ersten Begegnung im Herbst 1952 in offensiver Selbstironie vorgestellt hatte. Dass nämlich keineswegs nur die notorische Bachmann'sche Lust am Jux zu dieser karikierenden Berufsbezeichnung führte, kommt uns wieder in den Sinn, als die Schwester berichtet, wie es geschah, dass sie selbst sich für ihr weiteres Erwachsenenleben «in diesem hintersten Winkel Kärntens» einrichtete: Der Vater war für beide Mädchen die bestimmende Figur. Er war es offenbar auch gewesen, der dem Kärntner Heimatdichter und Oberhaupt der dortigen Reichsschrifttumskammer Josef Friedrich Perkonig Kenntnis von den literarischen Versuchen seiner anderen, der schreibenden Tochter gegeben hatte[116] – als Deutschlehrer ihrer Abitursklasse dürfte der Autor ohnedies nicht ohne Einfluss auf die schriftlichen Äußerungen der Gymnasiastin Bachmann geblieben sein. Perkonig – nach dem Krieg zum Ehrenbürger der Stadt Klagenfurt ernannt und von der Republik Österreich zu seinem 100. Geburtstag im Jahr 1990 mit einer zu seinen Ehren herausgegebenen Briefmarke gewürdigt – kann als eine Symbolfigur für den literarisch-politischen Zeitgeist gelten, dem die heranwachsende Ingeborg Bachmann und ihre Altersgenossen sich ausgesetzt sahen. Als exponierter kulturpolitischer Funktionsträger des NS-Reichs, als Schriftsteller wie als Lehrer stand er für die «Heimat»-tümelnde Blut-und-Boden-Literatur, die den arischen Landmann auf seiner Scholle pries; nach Kriegsende wurden seine Schriften von den Alliierten zunächst auf den Index gesetzt. «Ein Nazi, kein Zweifel», bestätigt auch Isolde Moser. «Aber immerhin einer, der den Mut hatte, sich in einem offenen Brief schützend vor die Kärntner Slowenen zu stellen, die in jenen Jahren von der Zwangsaussiedlung bedroht waren.»

Ob sich nun, wie einige mutmaßen, Ingeborg Bachmanns früh verfasste schwärmerische «Briefe an Felician», auf deren Luxusausgabe wir im Antiquariat der Züricher Kirchgasse stießen, tatsächlich an Josef Friedrich Perkonig richteten, ob Perkonig womöglich ihr «literarischer Mentor»[117] war – gewiss bleibt, dass die junge Autorin in ihm einem «Heimatdichter» begegnet war, der ihren Begriff von dieser literarischen Spezies ganz konkret und persönlich prägte. Wenn sie sich später Hans Werner Henze gegenüber selbst als dieser zugehörig bezeichnete, schwang darin unterschwellig auch ein sarkastischer Kommentar zur österreichischen Literatur der frühen fünfziger Jahre mit, die eine «Heimatdichterin» im völkischen Sinne offenbar immer noch eher erwarten ließ als eine avancierte intellektuelle Poetin; eine Anspielung auf ihre eigene Herkunft und Vergangenheit war darin für den Adressaten unhörbar auch mit eingeschlossen.

Zu alledem gibt es in den autobiografischen Äußerungen Ingeborg Bachmanns kein Wort, wie überhaupt der familiäre NS-Komplex einem weitgehenden Schweigegebot unterliegt. Die Dichterin äußerte sich zu dieser Verstrickung in der Öffentlichkeit nie, in ihren persönlichen Beziehungsentscheidungen hingegen umso ostentativer und im Familienkontext auf jeden Fall unmissverständlich: Die jüdischen Intellektuellen und Schriftsteller Hans Weigel und Paul Celan wurden, wie später etwa auch der Philosoph Jakob Taubes, zu ihren Lebensgefährten und Liebhabern, Gershom Scholem und Theodor W. Adorno waren nahe Freunde. Und wenn sie in ihrer späten Prosa die alltägliche Praxis faschistischer Gewalt bis in die Beziehungen zwischen Männern und Frauen zurückverfolgte, wurde das Thema schließlich auch wieder einem Familienzusammenhang zugeordnet – unübersehbar im «Malina»-Roman, wo, aus dieser Perspektive nun ganz und gar nicht zufällig, eine literarische Figur namens «mein Vater» in totalitärem Furor Foltermaßnahmen ausgesucht brutaler Art an seiner Tochter exekutiert.

Befragt zur NS-Geschichte ihres Vaters, weist Isolde Moser darauf hin, dass dieser sich 1932 mit einem großen Teil der Kärntner Lehrerschaft der nationalsozialistischen

Partei angeschlossen, die zu diesem Zeitpunkt in Österreich immerhin an der Regierung beteiligt war (und im Jahr darauf verboten wurde). «Und hätte ein überzeugter Nazi», fügt sie hinzu, «seiner Tochter, die nicht zum ‹Bund Deutscher Mädel› gehen wollte, nicht ordentlich den Kopf zurechtgesetzt und sie notfalls gezwungen, dort mitzumachen? Unser Vater hat nie versucht, eine Nazi-Erziehung in unserem Haus einzuführen. Und unsere Mutter hat sich sowieso nicht dafür engagiert.» Auch dieser Komplex im Leben der Ingeborg Bachmann wird also im Halbdunkel bleiben, ehe nicht alle Tagebücher, Briefe und privaten Aufzeichnungen zugänglich sind. Ihr Leben selbst, nicht anders als ihr Werk, formuliert allemal ein vehementes «Dagegen». Bis zum Ende ihres Lebens wird sie sich in immer neuen literarischen Ansätzen an dem Zusammenhang zwischen totalitären Systemen und patriarchaler Gewalt in den Geschlechterbeziehungen abarbeiten – eine Wiederkehr des Tabuisierten wie unter einem Wiederholungszwang, angetrieben vom Bedürfnis, nicht zuletzt auch eigene Geschichte und Erfahrung zu thematisieren und in Form noch intimster Fantasien zu durchdringen: Literatur als Stimme des Beschwiegenen und Erkenntnismittel zugleich.

8

Zu einer «Heimatdichterin» aber ist die Intellektuelle Ingeborg Bachmann am Ende dann doch geworden; freilich in einem ganz anderen als dem geläufigen Sinn. Das Gailtal, das sie im autobiografischen Text als ihren eigenen Ursprungsort angegeben hatte, wird – unter dem magischen Namen «Galicien» – in den späten Romanen zu einem Kraftzentrum, an dem ihre verstörten Romanheldinnen wieder zu sich selbst zu kommen versuchen; sogar dem jahrhundertealten Haus der Bauernfamilie, aus der Matthias Bachmann stammte, wird hier ein Denkmal gesetzt. Doch geht der Bezug zur Kindheits-, Vater- und Familienlandschaft zu unserem nicht geringen Erstaunen noch viel weiter. Nicht nur werden wir später am Abend in der Klagenfurter Henselstraße auf einen Bauernschrank stoßen, der einmal der Großmutter von Ingeborg und Isolde Bachmann gehörte und mehr als ein Jahrhundert lang auf dem Bachmann-Hof im Gailtal stand – «die Inge» hatte ihn sich als vorgezogenes Erbe von den Eltern erbeten, hatte ihn restaurieren und nach Zürich schaffen lassen, gewichtiger Teil einer Aussteuer für das eheähnliche Leben mit Max Frisch. Als die Beziehung scheiterte, wurde der Schrank ins Elternhaus zurücktransportiert, wo er seither steht, ein Schmuckstück nun ohne Adressaten und konkreten Verwendungszweck.

Schließlich aber hatte die Schriftstellerin Anfang der siebziger Jahre den Plan gefasst, ihren Lebensmittelpunkt ganz in ihre Heimatregion zurückzuverlagern – und dies noch bevor sie sich in Wien als Mieterin der Übergangswohnung am Opernring polizeilich anmeldete, wofür wir die amtliche Bestätigung in einer der grauen Schachteln von Frau Dr. Irblich fanden. «Sie hatte den ernsthaften Plan, sich nach Kärnten zurückzuziehen, und wir haben hier in der Gegend für die Ingeborg ein Haus gesucht», erzählt Isolde Moser jetzt. «Der Vater, die Mutter und ich unternahmen Wanderungen und schauten uns dabei verschiedene Objekte an, die für sie hätten passend sein können. Zuletzt hatten wir dann tatsächlich ein Haus fest ins Auge gefasst, aber da funkte ihr Verleger Siegfried Unseld dazwischen, in dessen Suhrkamp-Verlag ‹Malina› erschien. Es reichte ihm, sagte Unseld, dass sein Autor Thomas Bernhard für ihn nicht erreichbar war. Und da kam es gar nicht in Frage, dass nun auch noch Ingeborg auf dem Land verschwand.»

Aber wäre es denn überhaupt das Richtige für ihre Schwester gewesen, das Metropolen-Leben, an das sie seit fast zwanzig Jahren gewöhnt war, aufzugeben?

«Ach», lautet die Antwort, «sie hat in Rom zuletzt ja auch sehr zurückgezogen gelebt. In der Via Bocca di Leone war das nicht der Fall, aber dann in der Via Giulia ... Und es war doch offenbar gerade die Abgeschiedenheit, die sie reizte – Thomas Bernhard war darin ihr Vorbild.»

Nicht nur Wien also, auch Kärnten und in dessen Mitte dann die Familie sind für Ingeborg Bachmann ein Lebensthema geblieben, eines allerdings, das allein ihr und ihrer Arbeit: der Bearbeitung in und durch Literatur gehörte. Freunde aus der Gruppe 47 etwa besuchten sie bei ihren langen Aufenthalten in der Henselstraße ebensowenig wie bei der Schwester in Kötschach – dies alles war ihr privatester Raum, ihr auf diese Weise fast hermetisch abgeschotteter Rückzugsbezirk. «Einmal sollte Hans Werner Henze kommen», erinnert sich Isolde, «das war in den fünfziger Jahren, zu der Zeit also, als die beiden noch ans Heiraten dachten. Ingeborg hat unsere Mutter damals fast zur Verzweiflung gebracht, weil Henze unbedingt Silberbesteck haben musste, und bei uns gab es doch nur noch alte Silbersachen von einer Tante ...» Sie lacht. «Glücklicherweise ist aus dem Besuch dann nichts geworden. Die Mutter war sehr erleichtert.»

Max Frisch schließlich war der Einzige, der die Ankündigung wahr machte, Ingeborg Bachmann in ihr heimatliches Gelände zu begleiten. Im Jahr 1959 reiste er mit der Lebensgefährtin sowohl in deren Elternhaus als auch zur Schwester nach Kötschach. «Sie waren in Klagenfurt einen Tag lang gewesen und kamen dann zu mir. Ingeborg hatte sich von mir ihre Leibspeise gewünscht, Käsnudeln, eine Kärntner Spezialität – von Hand gemacht, gefüllt und dann auch noch fein verziert», erklärt Isolde. «Ich hab's natürlich wie gewünscht gemacht – und dann fuhren sie morgens um zehn mit ihrem Auto über den Pass wieder davon. Ich hatte Schule an dem Tag, stand vor dem Schultor und winkte ihnen nach, daran kann ich mich noch gut erinnern.»

Und sonst kam niemand? Uwe Johnson vielleicht? Freunde aus Rom, Berlin, London, New York?

«Einmal machten Fleur Jaeggi und Roberto Calasso, ein mit Ingeborg befreundetes Schriftstellerpaar aus Rom, auf der Durchreise in Klagenfurt Halt, aber ohne einen Besuch bei den Eltern …» Mehr Namen und Anlässe fallen ihr nicht ein. Die Dichterin in Kärnten: allein zu Haus, ganz für sich als ewige Tochter in der Kinderwelt.

«Nach Klagenfurt kam sie, wenn sie Abstand suchte und Geborgenheit», sagt Isolde Moser abschließend. «Dann war sie immer auch für ein, zwei Tage bei uns in Kötschach, und ab und zu hat sie da die Kinder neu eingekleidet.» Auch Isoldes Sohn Michael stehen die Besuche der berühmten Tante noch deutlich vor Augen. «Es war ja wirklich laut bei uns daheim», sagt er. «Wir waren damals fünf Kinder, wie die Orgelpfeifen – uns konnte man nicht einfach auf einen Stuhl setzen und sagen: ‹Nun seid still, die Tante Inge ist da!› Eine Zeit lang hat sie das ausgehalten, aber dann merkte man, wie sie langsam nervös wurde. Der Vater schickte uns raus zum Spielen, damit sie sich wieder fangen konnte. Aber wenn sie mit uns losging zum Einkaufen – allein, wie sie über den Platz ging ... Man konnte fast glauben, man hätte eine Erscheinung.»

9

Die fürsorgliche Ingeborg Bachmann, der Familienmensch. Eine Frau, die, wie ihre Schwester nun bestätigt, auch selbst «immer wieder den Wunsch hatte, zu heiraten und Kinder zu haben. Einmal wollte sie sogar zwei schwarze Kinder adoptieren!» Isolde Moser wirkt beim Gedanken daran noch jetzt leicht amüsiert. «Um Gottes Willen, habe ich zu ihr gesagt, die armen Kinder! Bei ihrem Wanderleben wäre das ja ganz unmöglich gewesen.» Eine kleine nachdenkliche Pause. «Einerseits», fährt sie dann fort, «war Ingeborg das gebundene Dasein mit einer eigenen Familie bestimmt, wie auch Hans Werner Henze gesagt hat, ein Gräuel. Aber andererseits hatte sie ein stark ausgeprägtes Bedürfnis nach Geborgenheit.»

Die fand die mondäne Frau aus der römischen Kapitale auch als Erwachsene noch in ihrer Ursprungsfamilie, sobald sie nur den Fuß über die Schwelle in der Henselstraße 26 setzte. Die Familie war immer zur Stelle, selbst dann, wenn sie aus der Wohnung in Rom ein Hilferuf erreichte. «Am zweiten Weihnachtsfeiertag 1972», erzählt die Schwester, «rief Ingeborg vollkommen verzweifelt an. Am ersten Festtag war sie wohl bei Hans Werner Henze in Marino gewesen, aber nun stellte sie fest: Sie hatte kein Geld im Haus, und es war auch nichts mehr zu essen da.» Die Familienmutter kann sich ein Lachen nicht verkneifen. «Hier trat daraufhin der Familienrat zusammen: Was war zu tun? Schnell wurde klar, dass einer von uns nach Rom fliegen musste. Der Vater stieg seit dem Krieg in kein Flugzeug mehr; obwohl er der Einzige von uns war, der fließend Italienisch sprach. Da hieß es also: Die Isi fliegt los und bringt der Ingeborg Geld und etwas zu essen. Das bedeutete für mich, hier nach den Feiertagen erst einmal etwas einzukaufen und Geld zu holen, die Eltern betreuten derweil Kinder und Haus. Als alles bewerkstelligt war, fuhr ich nach Venedig und flog von dort aus nach Rom – am Silvesterabend kam ich an. Weil wir ihr am Telefon von unserer Aktion nichts gesagt hatten, fiel Ingeborg aus allen Wolken, als ich da plötzlich vor der Tür stand. Und sie hatte» – Isolde Moser scheint im Rückblick immer noch zu staunen – «wirklich nichts zum Essen im Haus!»

Immer war der Kontakt zur Kärntner Familie eng gewesen. Man schrieb, man telefonierte, die Eltern besuchten die Tochter in Rom, die Schwester reiste nach Berlin in die Königsallee, Bruder Heinz und die Eltern fuhren zu ihr nach Zürich und Rom. Nur als sie nach der Trennung von Max Frisch im Frühjahr 1962 in einer Züricher Klinik lag, brach der Kontakt für längere Zeit ab, weder die Eltern noch Schwester oder Bruder erhielten irgendeine Nachricht. «Das», resümiert Isolde, «hat sie Gott sei Dank nur dies eine Mal gemacht.» Und sie erzählt, wie die weltreisende Dichterin mit dem freigebigen Verhältnis zum Geld es ihrerseits im Gegenzug für all die Zuwendung an Großzügigkeit nicht fehlen ließ. «Manchmal», kommentiert die Schwester abgewogen, «hatte sie halt kein Geld. Aber wenn sie welches hatte, hat sie es immer großzügig verteilt: Jedes Mal, wenn sie einen Preis gewonnen hatte, haben wir etwas davon abbekommen.»

Und so könnten die Verhältnisse schließlich doch ausgeglichen erscheinen im Familien-Beziehungsspiel, wäre nicht 1971 der «Malina»-Roman erschienen, in dessen Zentrum: das Traumkapitel, in dem die «Vater»-Figur als das patriarchale Böse schlechthin dasteht – von der Vergewaltigung bis zum Einschluss in der Gaskammer macht er seine Tochter zum Opfer, die Mutter sieht alledem rat- und hilflos zu. «Eine Sekretärin von Siegfried Unseld hat zu Ingeborg gesagt: ‹Um Gottes willen, Frau Bachmann, das ist ja furchtbar, was Ihnen alles passiert ist!›» Isolde muss über solch umweglos autobiografische Lektüre lachen, wird aber schnell wieder ernst. «‹Malina› war ein gewaltiger Einschnitt in Ingeborgs Leben», stellt sie fest und zieht jetzt ihre Jacke ein wenig fester um sich. «Sie nimmt in diesen Roman ja alles auf, was sie in ihrem Leben erfahren hat: Krieg, Liebe, Politik, Vernichtung und die Verletzungen durch Männer wie etwa Hans Weigel. Auf keinen Fall wollte sie den Vater durch dieses Buch verletzen, sie wusste nur nicht, wie sie ihm begreiflich machen sollte, dass sie die Vaterfigur darin aus literarischen Gründen brauchte. Wir haben beraten, was zu tun war, und dann haben wir uns vor Erscheinen des Romans in Klagenfurt getroffen, ich habe versucht, es ihm zu erklären.»

Und wie war die Reaktion?

«Der Vater akzeptierte alles, was sie schrieb und tat – er war einfach stolz auf sie. Er sammelte alle Rezensionen und Artikel über sie und verwahrte sie in einem Ordner. Allein ihr unruhiges Leben war für ihn nicht leicht hinzunehmen, er hätte sie lieber näher bei sich gehabt. Meine Mutter», schließt sie, «hat ‹Malina› wahrscheinlich als einen Schlüsselroman gelesen. Sie hat sich nie dazu geäußert.»

10

Es ist spät geworden, und das Wohnzimmer der Dichterin Bachmann aus Rom, jetzt und für immer beheimatet in Klagenfurt, Henselstraße Nummer 26, ist erfüllt von lebenden Bildern. Eine Familie sehen wir vor uns, die sich um das berühmt gewordene, schwierige, umgetriebene älteste Kind geschart und es umsorgt hat, als es längst schon kein Kind mehr war, ganz gleich, wann es hier ankam, in wessen Begleitung und in welcher Verfassung. Wir erkennen das fleißige Schulmädchen, die den aus dem Klagenfurter Himmel herabfallenden Bomben trotzende junge Leserin in ihrem Sommergarten, denn die Schülerin des nationalistischen Kärntner Heimatpoeten, die ihrerseits eine erste Erzählung gegen den Krieg schreibt, und auch die Maturantin wird erkennbar, die sich auf dem Kärntner Dorf einem britischen Besatzungsoffizier anschließt, der zu allem Übrigen auch noch ein Jude ist – wir sehen den Entwurf des Vaters und den Gegenentwurf, der seine Tochter war: aus allem hier immer wegstrebend, an allem hier haftend bis zuletzt.

Diese nun seit dreieinhalb Jahrzehnten fehlende Mitte des familiären Geflechts aber – es ist deutlich zu spüren, wenn die jüngere Schwester erzählt – ist bis heute nicht leer. Die Gegenwart «der Ingeborg» verbürgen hier nicht nur das Mobiliar und die Erinnerungen, die sie so gegenwärtig erscheinen lassen, als wäre sie nur eben zum Zigarettenholen aus dem Haus gegangen. Ihre Gegenwart ist vor allem in den Schriften aufgehoben, mit denen die Geschwister seit ihrem Tod unablässig Umgang haben: Die Tote ist immer da und fordert, immer noch, ihre Aufmerksamkeit.

Matthias Bachmann starb im März 1973, ein halbes Jahr vor seiner vergötterten Tochter. Die Mutter Olga, einst von der tschechischen Grenze nach Kärnten gekommen, folgte ihm, hoch betagt, ein Vierteljahrhundert später, auch sie befasst mit dem töchterlichen Erbe. Und solange die Geschwister Isolde und Heinz sich, wie es ihr Familienauftrag vorsieht, um die literarische Hinterlassenschaft ihrer Schwester kümmern, so lange sind ja auch ihre Eltern nicht wirklich verschwunden; alle eingewoben vielmehr in die schwer aufzulösende Vermengung von Schrift und Leben, die vor Jahrzehnten von diesen Räumen ihren Ausgang nahm.

Wir gehen noch zusammen mit Isolde Moser und ihrem Sohn durchs Haus, die Besucherin darf auch die oberen Stockwerke sehen. Hier finden sich weitere Möbel aus Ingeborg Bachmanns römischer Zeit: im ausgebauten Dachgeschoss etwa ein so eleganter wie bequemer Liegesessel im avancierten Sechziger-Jahre-Design, dazu weitere Regale mit weiteren Büchern aus der Bibliothek der *dottoressa* sowie deren Schreibtisch. An einem weiteren Tisch aus dem römischen Interieur erledigt Isolde Moser heute in Kötschach ihre Korrespondenz – von der nicht das Wenigste dem Werk Ingeborg Bachmanns gilt –, und später am Abend wird sie sich hier in der Henselstraße in ein breites Messingbett fallen lassen, dessen edel zurückgenommener Stil ebenfalls dieser Lebensphase ihrer Schwester entstammt: Dies ist kein Totenhaus, sondern der bewohnte Ort einer lebendigen Toten.

«Für mich war Ingeborg immer die Schwester, die zwar berühmt und groß ist, aber trotzdem meine Schwester bleibt», hat Isolde Moser zum Abschied gesagt und damit stillschweigend auch ihre Aufgabe bekräftigt, die nach wie vor gilt: «Wir sind ja eine ganz normale Familie.»

11

«An schönen Oktobertagen kann man, von der Radetzkystraße kommend, neben dem Stadttheater eine Baumgruppe in der Sonne sehen. Der erste Baum, der vor jenen dunkelroten Kirschbäumen steht, die keine Früchte bringen, ist so entflammt vom Herbst, ein so unmäßiger goldener Fleck, daß er aussieht, als wäre er eine Fackel, die ein Engel fallen gelassen hat. Und nun brennt er, und Herbstwind und Frost können ihn nicht zum Erlöschen bringen.»[118]

So beginnt Ingeborg Bachmanns Erzählung «Jugend in einer österreichischen Stadt», die wohl nicht zufällig in ihrem ersten Prosa-Band an erster Stelle stand, und wir haben den lichterloh brennenden Baum mit eigenen Augen gesehen. Zwar ist der Oktober längst vorüber, doch scheint die Sonne auch heute strahlend klar aufs frisch gefrorene Klagenfurt, und der immer noch belaubte Baum leuchtet vor dem Stadttheater wie eh. Dass es derselbe wäre, der hier schon vor fünfzig Jahren stand, wir wollen es nicht behaupten, es ist auch eher unwahrscheinlich, denn die kleine Anlage, zu der er gehört, wurde vor einigen Jahren neu gestaltet. An deren Eingang nun: eine rote Stele, die den bronzenen Kopf der Dichterin Bachmann trägt. Da hat wohl jemand ihr Werk gekannt und den einzig richtigen Platz bestimmt, an dem ein schlichtes Denkmal wie dieses in dieser Stadt überhaupt stehen könnte, «Welle und Erdung», wie es in der Klagenfurt-Erinnerung heißt[119], und ein versöhnliches Bild zum Abschied.

Durch Baustellen hindurch, über gewundene Vorort-Straßen hinaus führt dann schließlich unser Weg zum Flughafen – immer noch liegt er, wie in Ingeborg Bachmanns Kindertagen, dem Friedhof Annabichl gegenüber, und nun ist auch sie selbst hier begraben, wie die Piloten, die vom Himmel stürzten, wie auch der Komponist Thomas Koschat, der in ihrem einzigen zu Lebzeiten veröffentlichten Roman vorkam und dessen Los als Namenspatron für einen Veranstaltungsraum sie teilt, wie nicht zuletzt auch der nationalistische Dichter Perkonig, der sie einst in Literatur unterrichtete, und sie selbst machte dann alles ganz anders, als von allen gedacht.

Die Friedhofswärterin, die ein batteriebetriebenes Ewiges Licht repariert, während sie beschreibt, wie Ingeborg Bachmanns Grab zu finden sei, hat uns eine übersichtliche Anweisung mit auf den Weg gegeben: «Beim Haupteingang rechts, dann links über den asphaltierten Weg, voran bis zum Jesus am Kreuz, danach ein paar Stufen hinauf, dann kommt die Wand mit den Urnengräbern, und dort ist's dann gleich – ein weißer Stein!» Ganz so einfach verhält es sich nicht, wir irren noch ein wenig umher zwischen Gräbern und Wegen, auch ist der Stein, wegen des Kerosins von gegenüber wohl, nicht mehr ganz weiß. Doch der Name «Ingeborg Bachmann» steht groß und klar darauf, in kleineren Buchstaben darunter verzeichnet: die Namen der Eltern Olga und Matthias.

Wir befinden uns hier vor der Nummer 16 in der Reihe 3 im Feld Nummer XXV, das Grab gehört zur Klasse 1, und dies alles wissen wir nur, weil der Bachmann-Freund Uwe Johnson es im Spätherbst 1973 bei seinem Trauerbesuch mit der ihm eigenen Akribie eruiert und danach in seinem Erinnerungsbuch so festgehalten hat. Wäre es nach den Wünschen seiner Freundin gegangen, hatte er noch dazu geschrieben, läge deren Grabstätte nicht hier, sondern zwischen denjenigen anderer Ketzer auf dem protestantischen Friedhof der Stadt Rom. Das mag wohl sein, alle Freunde Ingeborg Bachmanns bestätigen es. Und doch bleibt ein Zweifel, überschlagen wir nur, wie viel Zeit noch die erwachsene, ihr Leben längst selbst bestimmende Dichterin in der angeblich so verhassten Stadt zubrachte, immer wieder hierher zurückkehrend wie an einem elastischen Band gezogen.

Wir aber springen an diesem sonnigen Mittag nun quer über die Straße, hinüber zur Abflughalle. Nicht lange, und die aufgeräumte kleine Stadt wird unter den Tragflächen der Maschine zurück bleiben, tröstlich und eng eingefasst von Bergen und See. Ingeborg Bachmann hatte dies Gelände in ihrem ersten autobiografischen Versuch beschrieben und darin auch ihren eigenen Ort fixiert – vorsichtshalber in der Vergangenheitsform. «So ist nahe der Grenze noch einmal die Grenze: die Grenze der Sprache», hieß es in dieser kleinen Skizze, «und ich war hüben und drüben zu Hause, mit den Geschichten von guten und bösen Geistern zweier und dreier Länder …»

All dies haben wir nun gesehen: Berge, Grenzen, die guten wie die bösen Geister sogar, und deren Geschichten haben wir auch gehört. Doch war der Satz hier noch nicht zu Ende, sein Abschluss heißt: « … denn über den Bergen, eine Wegstunde weit, liegt schon Italien.»[120] Nach Italien also noch einmal, dann schließt sich der Kreis.

V Heller Tag auf Ischia

Hat man an einem heißen Sommertag am Strand des kleinen Ortes San Francesco auf Ischia zwischen picknickenden, Ball spielenden, Musik hörenden oder einfach nur in der Sonne dösenden Familien ein Plätzchen für sich gefunden oder steht gar «bis zum Gürtel im Meer», wie es in Ingeborg Bachmanns hier entstandenem Gedicht «Das erstgeborene Land» heißt, so sieht man sie liegen: «Stadt und Kastell»[121] von Forio, der zweitgrößten Ansiedlung der Insel, einem Treffpunkt der europäischen Künstlerelite der fünfziger Jahre. Nicht weit vom Küstensaum dämmert in der Mittagshitze die kleine Casa, von deren Dach aus die Dichterin zusammen mit Hans Werner Henze vor mehr als fünfzig Jahren das Fest zu Ehren des Heiligen Veit beobachtete, das dann – mitsamt dem Ausruf «Einmal muss das Fest ja kommen!» – im ischiatischen Prozessionslied der *poetessa tedescha* wieder auflebte, Stenogramm einer Glückszeit: «Einmal muss das Fest ja kommen! / Heiliger Antonius, der du gelitten hast, / heiliger Leonhard, der du gelitten hast, / heiliger Vitus, der du gelitten hast»[122] – die Jahre der Leiden sollten vorüber sein, nun brachen die prächtigen Jahre an! Und tatsächlich konnte es sich so ausnehmen für jemanden, der, wie der Komponist und seine «große Schwester», das vom Völkermord verfinsterte Vaterland mit all seinen Trümmern hinter sich gelassen hatte und an dieser Küste zuerst an Land gegangen war: Unversehrtheit und Unbeschwertheit schienen in allem zu liegen, ein Versprechen auf eine glückende Zukunft, das leicht zu halten sein sollte.

Nichts Wesentliches scheint sich verändert zu haben seit jener Zeit, als Ingeborg Bachmann hier aufging, dass das Leben nicht nur, wie daheim in Klagenfurt oder im Beziehungsmoloch Wien, harte Arbeit ist und fortwährende Kräfte zehrende Selbstbehauptung unter Einsatz von Körper, Begabung, Intellekt und Fantasie. Dass es vielmehr heiter und bewegt sein kann, ja, dass es – und sei es in aller Schlichtheit der Zutaten und Mittel – ein Fest auf Dauer sein sollte: als habe ein Leben Anspruch darauf oder doch wenigstens ihres. «Platz der Musik und der Freude!» heißt es nach der Beschwörung der Heiligen in den «Liedern von einer Insel», «Honig und Nüsse den Kindern, / volle Netze den Fischern, / Fruchtbarkeit den Gärten, / Mond dem Vulkan, Mond dem Vulkan!»

Die weich schwingenden, begrünten Hänge des Monte Epomeo, der einmal ein Feuer speiender Berg war, erheben sich in unserem Rücken, inmitten des Menschengequirls am Strand schauen wir hinaus aufs Meer. Selbst beim Schwimmen noch meint man hier jenes «Feuer unter der Erde» zu spüren, von dem im Gedicht die Rede ist – Garant der Lebendigkeit und Lebensbedrohung zugleich. Im Zeichen dieser unterirdisch schwelenden, das Erdinnere unablässig in Bewegung haltenden Kraft ließe sich schließlich auch die Geschichte jenes Lebens lesen, das

hier literarisch zum ersten Mal seinen Anspruch auf Festlichkeit behauptete; das dann, je näher es im Ablauf zweier Jahrzehnte dem Lavastrom seiner eigenen, tief vergrabenen Erinnerung kam, umso mehr in Gefahr geriet und, verwirrende Konsequenz, im Feuer schließlich endete.

Dabei hatte das Fest ja doch stattgefunden und war sogar, allen äußeren Anzeichen nach, von Krisen, Erdbeben wie tektonischen Verschiebungen des Inneren scheinbar unbeschadet, zur Lebensform geworden. An Glanz jedenfalls hatte das öffentlich sichtbare Dasein Ingeborg Bachmanns in den zwanzig Jahren zwischen ihrer Landung auf Ischia und der Einlieferung ins römische Hospital nichts eingebüßt, im Gegenteil. Nur hielt die prächtig-repräsentative Form den auf die Dauer mit nichts zu beruhigenden inneren Erschütterungen nicht stand: nicht Schutz, nur eine Hülle war sie gewesen.

Hier, mit dem Blick auf Meer, Stadt, Kastell und Vulkan endet nach langen Wegen unsere Reise: am einstigen Ausgangspunkt der größten Wünsche. Wieder ist Sommer. Die nächste feierliche Prozession für San Vito liegt noch gut einen Monat voraus, und von einem Feuerwerk über der Insel kann, der Tageszeit entsprechend, auch keine Rede sein. Und doch: Es ist warm, hell, laut und belebt. So wie es sein sollte: Alltag. Ein Fest.

Anhang

VI Anmerkungen

1 Siehe Sigmund Freud: Das Unbehagen in der Kultur. S. Fischer Verlag, Frankfurt a. M. 1994, S. 36 f.

2 Ingeborg Bachmann: Was ich in Rom sah und hörte. In: Werke. Hg. von Christine Koschel, Inge von Weidenbaum, Clemens Münster. Piper Verlag, München, Zürich 1978. Bd. 4, S. 29 ff.

3 Ingeborg Bachmann: Ferragosto, Werke, Bd. 4, S. 336

4 Ebd.

5 Ingeborg Bachmann: Was ich in Rom sah und hörte…, S. 59

6 Christine Koschel: Spazieren. In: DU, Heft 9, September 1994, S. 66

7 Toni Kienlechner: Wörter und Worte. Ebd., S. 64 f.

8 Ingeborg Bachmann: Ihr glücklichen Augen. In: Werke, Bd. 2. Der Anfang der Erzählung lautet: «Mit 2,5 rechts und 3,5 links hat es angefangen, erinnert sich Miranda, aber jetzt hat sie, harmonisch, auf jedem Auge 7,5 Dioptrien. Der Nahpunkt beim Sehen ist also abnorm nah gerückt, der Fernpunkt auch näher. (…Dazu kommt noch) ihr Astigmatismus, der die Angaben kompliziert, und diese zweite Deformation ängstigt sie (…) Auch der Ausdruck ‹Stab- und Zerrsichtigkeit› verheißt ihr nichts Gutes, und sie sagt zu Josef mit wichtigtuender Stimme: Zerrsichtigkeit, verstehst du, das ist ärger als Blindsein.» Ebd., S. 354

9 Ingeborg Bachmann: Malina. Suhrkamp Verlag, Frankfurt a.M. 1971, S. 392

10 Zitiert nach: Gerda Haller: Ingeborg Bachmann. Ein Tag wird kommen. Gespräche in Rom. Jung und Jung, Salzburg 2004, S. 8

11 Hans Werner Henze: Reiselieder mit böhmischen Quinten. Autobiographische Mitteilungen 1926 bis 1995. S. Fischer Verlag, Frankfurt a. M. 2001, S. 401

12 Ders.: L'Upupa. Nachtstücke aus dem Morgenland. Autobiografische Mitteilungen. Propyläen Verlag, München 2003, S. 114

13 Ders.: Reiselieder mit böhmischen Quinten ..., S. 242

14 Ebd., S. 260

15 Ebd., S.261

16 Ebd., S. 132

17 Ebd.

18 Ingeborg Bachmann/Hans Werner Henze: Briefe einer Freundschaft. Hg. von Hans Höller. Mit einem Vorwort von Hans Werner Henze. Piper Verlag, München, Zürich 2004

19 Ingeborg Bachmann: Drei Wege zum See. In: Werke, Bd. 2, S. 462 f.

20 Dies.: Hommage à Maria Callas. In: Werke, Bd. 4, S. 343

21 Ingeborg Bachmann/Hans Werner Henze: Briefe einer Freundschaft ..., S. 258

22 Ingeborg Bachmann: Erklär mir, Liebe. In: Werke, Bd. 1, S. 110

23 Peter Hamm: Der ich unter Menschen nicht leben kann. SWR-Fernseh-Dokumentation

24 Ingeborg Bachmann: Lieder von einer Insel. In: Werke, Bd. 1, S. 121 ff.

25 Ingeborg Bachmann/Hans Werner Henze: Briefe …, S. 21

26 Hans Werner Henze: Reiselieder mit böhmischen Quinten …, S. 154 f.

27 Ingeborg Bachmann/Hans Werner Henze: Briefe …, S. 263

28 Ebd., S. 286

29 Ingeborg Bachmann: Rede zur Verleihung des Anton-Wildgans-Preises. In: Werke, Bd. 4, S. 295 ff.

30 Ebd., S. 295

31 Siehe ebd.

32 Hans Werner Henze: L'Upupa …, S. 114

33 Uwe Johnson: Eine Reise nach Klagenfurt. Suhrkamp Verlag, Frankfurt a. M. 1974, S. 64

34 Hans Werner Henze: Reiselieder mit böhmischen Quinten …, S. 400

35 Ebd., S. 401

36 Ebd., S. 400

37 Peter Hamm: «Der ich unter Menschen nicht leben kann»

38 Ingeborg Bachmann: Erklär mir, Liebe. In: Werke, Bd. 1, S. 110

39 Ingeborg Bachmann: Hotel de la Paix. In: Werke, Bd. 1, S. 152

40 Dies.: Exil. Ebd., S. 153

41 Dies.: Nach dieser Sintflut. Ebd., S. 154

42 Dies.: Malina …, S. 224

43 Max Frisch: Montauk. Suhrkamp, Frankfurt a. M. 1978, S. 83

44 Zitiert nach Hans Höller: Ingeborg Bachmann. Rowohlt Verlag, Reinbek bei Hamburg 1999, S. 105

45 Ingeborg Bachmann: Malina …, S. 254 f.

46 Max Frisch: Montauk …, S. 143

47 Ingeborg Bachmann: Requiem für Fanny Goldmann. Werke, Bd. 3, S. 515

48 Friedrich Gottlieb Klopstock: Der Zürchersee. In: Heinrich

Detering (Hg.): Reclams großes Buch der deutschen Gedichte. Vom Mittelalter bis ins 21. Jahrhundert. Verlag Philipp Reclam jun., Stuttgart 2007, S. 185 ff.

49 Ingeborg Bachmann: Eine Art Verlust. Werke, Bd. 1, S. 170

50 Max Frisch: Montauk ..., S. 148

51 Ingeborg Bachmann: Keine Delikatessen. Werke, Bd. 1, S. 172 f.

52 Peter K. Wehrli: Unverbunden in Zürich. Aber Ingeborg Bachmann war da: Eine recherchierte Erinnerung. In: DU, Heft 9, 1994, S. 42

53 Ebd., S. 43

54 Max Frisch: Mein Name sei Gantenbein. Suhrkamp Verlag, Frankfurt a. M. 1975, S. 257

55 Ingeborg Bachmann: Malina ..., S. 312 ff.

56 Max Frisch: Montauk ..., S. 151

57 Ingeborg Bachmann: Malina ..., S. 273

58 Dies.: Berlin und die Wüste. In: «Todesarten»-Projekt Bd. 1. Bearbeitet von Monika Albrecht und Dirk Göttsche. Piper Verlag, München, Zürich 1995, S. 180

59 Dies.: Ein Ort für Zufälle. Ed. Druckfassung, Textstufen V–X. In: «Todesarten»-Projekt, Bd. 1 ..., S. 218 f.

60 Ingeborg Bachmann: Ich weiß keine bessere Welt. Unveröffentlichte Gedichte. Herausgegeben von Isolde Moser, Heinz Bachmann, Christian Moser. Piper Verlag, München, Zürich 2000

61 Dies.: Ein Ort für Zufälle. In: Werke Bd. 4 ..., S. 280

62 Ebd., S. 288

63 altertümlicher Terminus für Reitstall

64 Hans Werner Richter: Radfahren im Grunewald – Ingeborg Bachmann. In: Im Etablissement der Schmetterlinge. Ein-

undzwanzig Portraits aus der Gruppe 47. Deutscher Taschenbuch Verlag, München 1988, S. 45 ff.

65 Hans Werner Henze: Reiselieder mit böhmischen Quinten ..., S. 236

66 Ingeborg Bachmann: Lesungsvorlagen 1967. In: «Todesarten»-Projekt, Bd. 2. Der Fall Franza ..., S. 361

67 Adolf Opel: Ingeborg Bachmann in Ägypten. ‹Landschaft, für die Augen gemacht sind›. Fotografiert von Kurt-Michael Westermann. Deuticke Verlag, Wien 1996, S. 9

68 Ebd., S. 11

69 Ders.: Ihre erste lustige Geschichte. Adolf Opel schreibt über ein merkwürdiges Erlebnis Ingeborg Bachmanns. In: Wiener Kurier, 31. Mai 1970

70 Adolf Opel: Ingeborg Bachmann in Ägypten ..., S. 62

71 Ebd., S. 65

72 Ebd., S. 180

73 Ingeborg Bachmann: Wüstenbuch. In: «Todesarten»-Projekt, Bd. 1, S. 272; siehe die Beschreibung der «Orgie» ebd.

74 Siehe etwa, hier (selbst-)ironisch formuliert, Malina..., S. 318

75 Siehe etwa ebd., S. 322 f.

76 Ingeborg Bachmann: Der Fall Franza ..., Werke, Bd. 3, S. 436

77 Ingeborg Bachmann/Hans Werner Henze: Briefe ..., S. 253

78 Hans Werner Henze: Reiselieder mit böhmischen Quinten ..., S. 238 ff.

79 Adolf Opel: Ingeborg Bachmann in Ägypten ..., S. 38

80 Hans Werner Richter: Radfahren im Grunewald ..., S. 62

81 Ingeborg Bachmann: Wir müssen wahre Sätze finden. Gespräche und Interviews. Hg. von Christine Koschel und Inge von Weidenbaum. Piper Verlag, München, Zürich 1983. S. 65

82 Ingeborg Bachmann: Malina ..., z. B. S. 303, S. 319

83 Hans Weigel: Unvollendete Symphonie. Styria Verlag, Graz, Wien, Köln 1992, S. 61

84 Ebd., S. 61 f.

85 Ingeborg Bachmann: Das dreißigste Jahr. In: Werke, Bd. 2, S. 126 ff.

86 Explizit benannt wird diese Verbindung von erotischer Dienstleistung und literarischer Förderung etwa in Daniela Strigl: «Wahrscheinlich bin ich verrückt...». Marlen Haushofer – die Biographie. List Verlag, Berlin 2007: «Im Gegensatz zu Weigel lag Hakel eine politisch-ideologische Vereinnahmung seiner Schützlinge fern. Die Verquickung von erotischen und literarischen Interessen kennzeichnet aber beide. Einerseits waren die ‹Bemühungen von Weigel und Hakel um die Gunst junger Autorinnen unter dem Vorwand, sie literarisch zu fördern›, wohl wirklich ‹eines der peinlichsten Kapitel der Wiener Nachkriegsentwicklung› (Hermann Schreiber), andererseits war die Förderung kein bloßer Vorwand: Sie war ehrlich gemeint, und sie war effektiv. Hermann Hakel drehte im nachhinein den Spieß um: Ingeborg Bachmann habe *ihn* und seine literarischen Beziehungen gezielt ausgenützt. Bei der Rivalität der beiden Platzhirsche war immer auch erotische Eifersucht im Spiel, ging es nicht zuletzt schlicht um gekränkte männliche Eitelkeit.» S. 201. Zu den Erfahrungen von Marlen Haushofer in diesem spezifischen Dienstleistungs-Kontext siehe etwa auch ebd., S. 168

87 Ingeborg Bachmann: Malina ..., S. 393

88 Dies.: Malina ..., S. 8

89 Hans Weigel: Unvollendete Symphonie ..., S. 197

90 Ebd.

91 Hans Werner Richter: Ilse Aichinger. In: Im Etablissement der Schmetterlinge ..., S. 15

92 Hans Weigel: Offener Brief in Sachen Unterschrift. Zitiert nach dem Faksimile in: Hans Höller: Ingeborg Bachmann ..., S. 94

93 Hans Weigel: Unvollendete Symphonie ..., S. 9

94 Ingeborg Bachmann: Malina ..., S. 8 f.

95 Dies.: Malina ..., S. 199

96 Dies.: Das Honditschkreuz. In: Werke, Bd. 2, S. 489 ff.

97 Dies.: Malina ..., S. 224: «Mein Leben ist zu Ende, denn er ist auf dem Transport im Fluß ertrunken, er war mein Leben. Ich habe ihn mehr geliebt als mein Leben.»

98 Dies.: Enigma. In: Werke, Bd. 1, S. 171, entstanden zwischen 1966 und 1967: «Enigma. Für Hans Werner Henze aus der Zeit der Ariosi. Nichts mehr wird kommen. // Frühling wird nicht mehr werden. / Tausendjährige Kalender sagen es jedem voraus. // Aber auch Sommer und weiterhin, was so gute Namen / wie ‹sommerlich› hat – / es wird nichts mehr kommen. // Du sollst ja nicht weinen, / sagt eine Musik. // Sonst / sagt / niemand / etwas.»

99 Dies.: Biographisches. In: Werke, Bd. 4, S. 301

100 Ebd., S. 522

101 Ebd., S. 301

102 Ebd., S. 522

103 Dies.: Malina ..., S. 22

104 Ebd.

105 Uwe Johnson: Eine Reise nach Klagenfurt ..., S. 15 u. 18

106 Ingeborg Bachmann: Jugend in einer österreichischen Stadt. In: Werke, Bd. 2, S. 87

107 Ebd.

108 Ebd., S. 85

109 Ebd.

110 Ebd., S. 87

111 Ebd., S. 89

112 Siehe etwa: Ingeborg Bachmann: Das Buch Franza, Frühe Entwürfe. In: «Todesarten»-Projekt, Bd. 2, S. 4, S. 9

113 Zitiert nach Hans Höller: Ingeborg Bachmann ..., S. 11 f.

114 Ingeborg Bachmann: Das Buch Franza, S. 180 ff.

115 Dies.: Jugend in einer österreichischen Stadt ..., S. 88

116 Siehe Hans Höller: Ingeborg Bachmann ..., S. 34

117 Ebd., S. 26 und S. 36

118 Ingeborg Bachmann: Jugend in einer österreichischen Stadt ..., S. 84

119 Ebd., S. 92

120 Dies.: Biographisches. In: Werke, Bd. 4, S. 301

121 Dies.: Das erstgeborene Land. In: Werke, Bd. 1, S. 119

122 Dies.: Lieder von einer Insel. Ebd., S.122

VII Literaturverzeichnis

Werke von Ingeborg Bachmann

Werke, Bd. 1–4. Hg. von Christine Koschel, Inge von Weidenbaum, Clemens Münster. Piper Verlag, München, Zürich 1978

Malina. Suhrkamp Verlag, Frankfurt a. M. 1971; zitiert nach der Ausgabe von 2006

«Todesarten»-Projekt, Bd. 1–4. Bearbeitet von Monika Albrecht und Dirk Göttsche. Piper Verlag, München, Zürich 1995

Ich weiß keine bessere Welt. Unveröffentlichte Gedichte. Hg. von Isolde Moser, Heinz Bachmann, Christian Moser. Piper Verlag, München, Zürich 2000

Briefwechsel

Ingeborg Bachmann/Hans Werner Henze: Briefe einer Freundschaft. Hg. von Hans Höller. Mit einem Vorwort von Hans Werner Henze. Piper Verlag, München, Zürich 2004

Gespräche und Interviews

Wir müssen wahre Sätze finden. Gespräche und Interviews. Hg. von Christine Koschel und Inge von Weidenbaum. Piper Verlag, München, Zürich 1983

Gerda Haller: Ingeborg Bachmann. Ein Tag wird kommen. Gespräche in Rom. Jung und Jung, Salzburg 2004

Weitere verwendete Literatur

Du, Heft 9, September 1994

Sigmund Freud: Das Unbehagen in der Kultur. S. Fischer Verlag, Frankfurt a. M. 1994

Max Frisch: Mein Name sei Gantenbein. Suhrkamp Verlag, Frankfurt a. M. 1975

Ders.: Montauk. Suhrkamp Verlag, Frankfurt a. M. 1978

Hans Werner Henze: Reiselieder mit böhmischen Quinten. Autobiographische Mitteilungen 1926 bis 1995. S. Fischer Verlag, Frankfurt a. M. 2001

Ders.: L'Upupa. Nachtstücke aus dem Morgenland. Autobiografische Mitteilungen. Propyläen Verlag, München 2003

Hans Höller: Ingeborg Bachmann. Rowohlt Verlag, Reinbek bei Hamburg 1999

Uwe Johnson: Eine Reise nach Klagenfurt. Suhrkamp Verlag, Frankfurt a. M. 1974

Friedrich Gottlieb Klopstock: Der Zürchersee. In: Heinrich Detering (Hg.): Reclams großes Buch der deutschen Gedichte. Vom Mittelalter bis ins 21. Jahrhundert. Verlag Philipp Reclam jun., Stuttgart 2007

Adolf Opel: Ingeborg Bachmann in Ägypten. ‹Landschaft, für die Augen gemacht sind›. Fotografiert von Kurt-Michael Westermann. Deuticke Verlag, Wien 1996

Hans Werner Richter: Im Etablissement der Schmetterlinge. Einundzwanzig Portraits aus der Gruppe 47. Deutscher Taschenbuch Verlag, München 1988

Daniela Strigl: «Wahrscheinlich bin ich verrückt …». Marlen Haushofer – die Biographie. List Verlag, Berlin 2007

Hans Weigel: Unvollendete Symphonie. Styria Verlag, Graz, Wien, Köln 1992, Wiener Kurier, 31. Mai 1970

VIII Lesetipps

Werke Ingeborg Bachmanns für Einsteiger

Simultan. Erzählungen. Piper Taschenbuch, München, Zürich

Anrufung des Großen Bären. Gedichte. Piper Taschenbuch, München, Zürich

Für Fortgeschrittene

Malina. Roman. Suhrkamp Verlag, Frankfurt a. M. 2006

Der Fall Franza. Requiem für Fanny Goldman. Malina. Piper Taschenbuch, München, Zürich 2004

Gesammelte Gedichte. Piper Taschenbuch, München, Zürich 2004

Sämtliche Erzählungen. Piper Taschenbuch, München, Zürich 2005

Zum Selberforschen

Werke, 4 Bände. Piper Taschenbuch, München, Zürich 1993

«Todesarten»-Projekt, Bd. 1–4. Bearbeitet von Monika Albrecht und Dirk Göttsche. Piper Verlag, München, Zürich 1995

Biografisches

Hans Werner Henze: Reiselieder mit böhmischen Quinten. S. Fischer Taschenbuch, Frankfurt a. M. 1996

Ingeborg Bachmann/Hans Werner Henze: Briefe einer Freundschaft. Hg. von Hans Höller. Mit einem Vorwort von Hans Werner Henze. Piper Taschenbuch, München, Zürich 2006

Hans Höller: Ingeborg Bachmann. Rowohlt Taschenbuch, Reinbek bei Hamburg 2001

Joachim Hoell: Ingeborg Bachmann. Deutscher Taschenbuch Verlag, München 2001

Uwe Johnson: Eine Reise nach Klagenfurt. Suhrkamp Taschenbuch, Frankfurt a. M. 1974

Romane um Ingeborg Bachmann als literarische Figur

Max Frisch: Mein Name sei Gantenbein. Suhrkamp Taschenbuch, Frankfurt a. M. 1975

Max Frisch: Montauk. Suhrkamp, Frankfurt a. M. 1978

Hans Weigel: Unvollendete Symphonie. Styria Verlag, Graz, Wien, Köln 1992

Zum Einhören

Ingeborg Bachmann liest Die gestundete Zeit. Frühe Gedichte und Prosa. Der Hörverlag, Hamburg

Ingeborg Bachmann liest Todesarten. Prosa und Gedichte aus den Jahren 1964–1966. Der Hörverlag, Hamburg

Weiterführende Literatur

Monika Albrecht/Dirk Göttsche (Hg): Bachmann Handbuch. Leben – Werk – Wirkung. Verlag J. B. Metzler, Stuttgart, Weimar 2002

Sigrid Weigel: Ingeborg Bachmann. Hinterlassenschaften unter Wahrung des Briefgeheimnisses. Paul Zsolnay Verlag, Wien 1999

IX Bildnachweis

Aus dem Besitz von Ingeborg Bachmanns Erben, Klagenfurt, stammen die folgenden Vorlagen:

Seite 69 (Foto von Karl Kofler), Seite 77, Seite 111 (Foto von Heinz Bachmann), Seite 155, Seite 187, Seite 219

Außerdem wurden uns Vorlagen und Abdruckrechte zur Verfügung gestellt von:

© Garibaldi Schwarze, Rom, Seite 25
© Lutz Kleinhans, Frankfurt am Main, Seite 99
© Stefan Moses, München, Seite 105, Seite 113

Die Wiedergabe der Abbildungen erfolgte mit freundlicher Genehmigung der Rechteinhaber, soweit diese zu ermitteln waren. Ihnen danken die Autorin und der Verlag.

Dank und Widmung

Ohne die Unterstützung von Sabine B., Sigrid L. und Christina P. hätte dieses Buch nicht geschrieben werden können – ihnen gilt mein herzlicher Dank.

Gewidmet ist die Reise Sabine, die dies alles selbst sah.

Diane Broeckhoven

Herrn Sylvains verschlungener Weg zum Glück. Roman

Aus dem Niederländischen von Jörn Pinnow

159 Seiten. München 2008

Jay Parini

Tolstojs letztes Jahr. Roman

Aus dem Englischen von Barbara Rojahn-Deyk

359 Seiten. München 2008

Kurt Drawert

Ich hielt meinen Schatten für einen anderen und grüßte. Roman

317 Seiten. München 2008

Hans Pleschinski

Ludwigshöhe. Roman

591 Seiten. München 2008